100の悩みに100のデザイン

自分を変える「解決法」

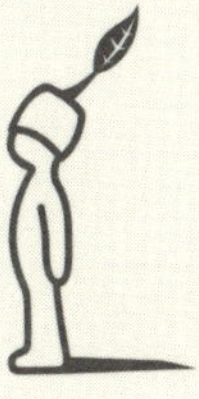

南雲治嘉

JN227764

光文社新書

266

あなたの悩み、色で解決できます

ここにある色をじっと見つめてください
※1つの色を見るときには他の色をかくしてください

●ダルくてつらいとき

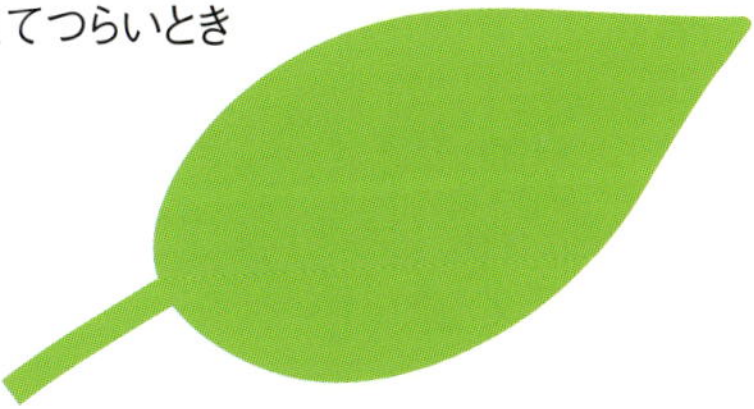

●新しいことを始めたいとき

●笑いがほしいとき

詳しくは本文7〜8ページを

本文P56より

●シャツとネクタイの合わせ方がわからない

①見せたい自分のイメージ

160のイメージ言語から1つ決める

若々しい　新鮮な　堅実な　インテリ風　洗練された
気高い　気品のある　おしゃれな　粋な　都会的な
ネイビー　シリアス　落ち着いた　……

②「洗練された」を選んだ場合

〈カラーパレット〉

③基調（シャツ）となる色とポイント（ネクタイ）となる色の2色配色の例

④3色配色例をチェックする

⑤カラーシミュレーションで効果を見る

③④を参考にカラーシミュレーションをする
気に入った配色をもとに、実際のシャツとネクタイに応用する

※『カラーイメージチャート』（グラフィック社刊）による

本文P70より

●色彩センスがない

①伝えたい言葉からくる全体のイメージ

160のイメージ言語から選ぶ

例：いつも安らかでいてください ➡ 安らかな

②「安らかな」を選んだ場合

〈カラーパレット〉

③パレットの色を使う

パレットにある色を使うと「安らかな」というイメージが相手に伝わる

※『カラーイメージチャート』（グラフィック社刊）による

【配色のヒント】

1.コントラストをつける

明度や彩度が近いと眠く見える

隣接する色同士にコントラストをつけると生き生きして見える

2.色数を絞る

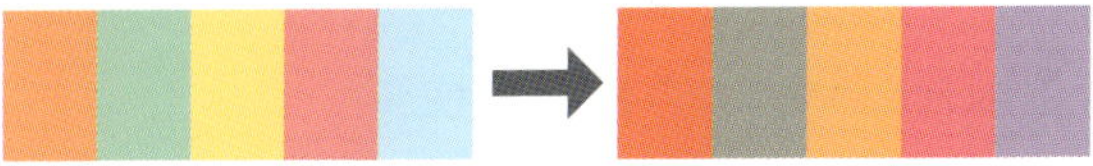

多数の色相があると華やかだが個性を感じない

色を同系色でまとめると統一感が出る

3.無彩色の使用

彩度が高いと元気だが落ち着きなく感じられる

間に無彩色を入れると全体が落ち着き調和する

4.アクセントカラー

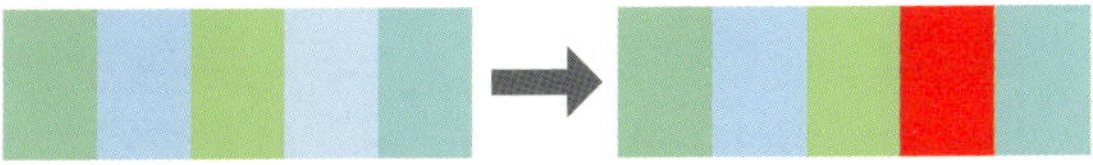

同じような色の配色は全体的にどんよりした鈍いイメージになる

彩度の高い赤を1カ所用いると全体が活性化する

本文P72より

●あの人の心をとらえる服の色が知りたい

①暖色系は寒色系より目を引く

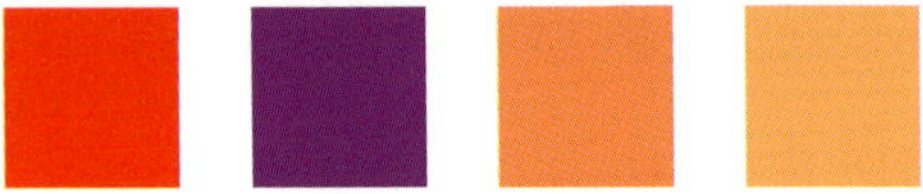

もともと赤などの周波数は人の目を強く引きつけるものがある

②反対条件を持つ色を有効に使う

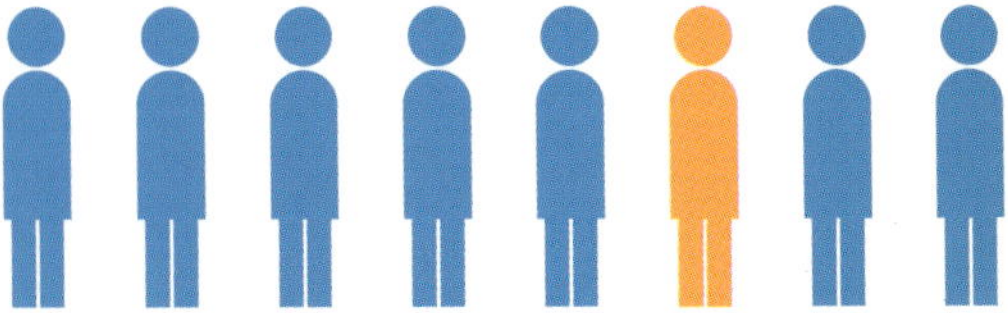

全体が青の中でのオレンジは反対色なので目立つ
全体の色が予想できる場合に可能
(反対条件には、明度が高い一低い、彩度が高い一低い、補色同士などがある)

③配色で目を引く

セクシー　　清潔な　　エレガント

自分が相手に印象づけたいイメージによって配色は変わってくるが、複数の色による効果は大きい

【おしゃれに見える配色】

カラーイメージとして「エレガント」を基本とした配色です

・2色配色

・3色配色

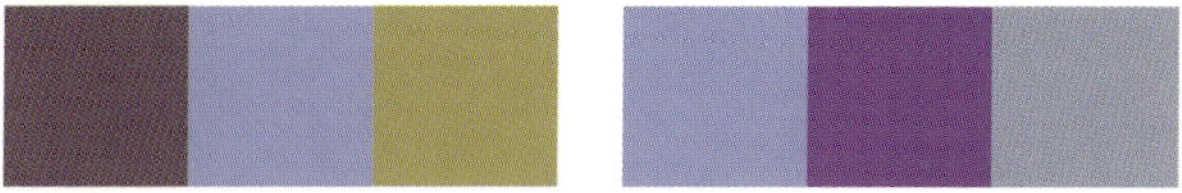

・4色配色

・5色配色

※『配色イメージチャート』(グラフィック社刊)による

色彩生理学への扉

脳生理学の発達により、色と生理との関係が明らかになってきた。色を見ることは生理的な作用をもたらすことである

色	赤	橙	黄橙	黄	黄緑	緑	青	青紫	紫	ピンク	白	黒
主な分泌ホルモン	アドレナリン	インシュリン	グレリン	エンドルフィン	成長ホルモン	アセチルコリン	セロトニン	オブスタチン	ノルアドレナリン	エストロゲン、プロゲステロン	複数	なし
刺激部位	循環器系	自律神経	自律神経	自律神経	自律神経	脳下垂体	視床下部	自律神経	視床、視床下部	腺下垂体	視床下部	影響しない
作用	血流を促進する	アルコールを受けつけない	食欲増進	笑いが生まれ痛み止め	成長を促進する	ストレスの解消	血液の生成	食欲抑制	危険に対する警報	血流をよくする	筋肉緊張	なし
効果	興奮、情熱	健康増進	食欲、元気	明朗	成長	安心	安定、安心、集中	集中	驚き、恐怖、不快	快活、若々しさ	向上心	安定、集中

※『色彩デザイン』(グラフィック社刊)による

100の悩みに100のデザイン

自分を変える「解決法」

南雲治嘉

光文社新書

はじめに　あなたの人生に足りないものは「デザイン」

その決心が三日坊主《みつかぼうず》になる理由

ズボラで、いつもうじうじ悩んでいる今の自分とキッパリおさらば。今日からは新しい自分になって、生活も仕事も人間関係もうまくやっていくぞ！

そんなふうに、誰でも年に数回は決心します。でも、三日もするとその決意は鈍《にぶ》り始め、できない理由を探すようになり、いつの間にか決心する前の自分に後戻り。

（ああ、また三日坊主に終わってしまった……）

あまりの意志の弱さに自己嫌悪を覚え、暗い気持ちになります。

いつもいつも、そんなことのくり返し。もう解決の道はないかのようにも思えます。

すぐにくじける弱い心を直すのは、そんなにもむずかしいことなのでしょうか？

いえ、そんなことはありません。

せっかくの決心が続かないのは、あなたの意志が弱いからではなく、あなたの人生にデザインがないからなのです。

デザインさえあれば、ズボラ人間からキッパリ人間に変身することができます。

デザインは誤解されている

この本は、デザインの本です。

でも、デザインと聞くと、ほとんどの人は、洗練《せんれん》されたデザインの車やデザイナーが作ったキレイな洋服なんかをイメージしますよね。

たしかにそれらもデザインなのですが、私が言いたいのは、そういった物理的、ビジュアル的なデザインのことではありません。

そうではなく、この本では、デザインの本質的な考え方を紹介したいのです。

では、デザインの本質とはいったい何でしょうか？　まわりくどい話が嫌いなので、ズバリ言いましょう。

デザインの本質は、「問題を解決すること」です。

辞書には、「デザインとは、ある目的に向けて計画を立て、問題解決のために思考・概念《がいねん》の組立を行い、それを可視的、触覚的媒体によって表現すること」（ダビッド社『デザイン辞典』）とあります。

また、英和辞典でデザインを引いてみると、いちばん初めに「計画」とあります。

そうです、デザイナーは問題を解決するための計画を立てる人のことなのです。

私はふだんデザイナーとして仕事をしていますが、あまりにデザイナーの役割が誤解されているので、いつも不満に感じていました。

かっこいいものを作っている人たち――これが、デザイナーの一般的なイメージです。

しかし、それは大きな間違いです。

デザイナーはいわば料理人です。企業が直面しているいろいろな問題に対して、原因を探り、素材を集め、求めている料理のレシピ（解決法）を与えるのがデザイナーの仕事なのです。

それは、どこか医者の処方箋《しょほうせん》にも似ています。

結果として、そのレシピをもとにした料理は、かっこいいビジュアルの商品になったりしますが、何もそういった「もの」だけがデザイナーが出す答えではありません。ときには、デザイナーは目に見えないシステムを作ったり、新しい考え方や発想法を提案したりもします。

つまり、その問題さえ解決できれば、どんなものでもデザインなのです。

逆に、問題が解決できなければ、どんなにビジュアル的に優《すぐ》れていても、それはデザインとは呼べません。

デザインで悩み解決

デザイナーとして仕事をしてもうすぐ四〇年が経ちます。その間に私が身につけたデザインのノウハウは数知れません。

いまでは、企業の問題だけでなく、日々の生活で直面する問題、すなわち「悩み」にも、デザインの考え方をすぐに応用できるようになりました。

ですので、私には悩みが一つもありません。どんな悩みでも、デザインを切り口に、すぐに解決してしまうからです。

ややこしい問題を解《と》きほぐし、ササッと解答を出す。うじうじしない、完璧なキッパリ人間です。

だから、何らかの問題を抱えて悩んでいる人を見かけると、

「そんな悩みは、デザインで解決できるよ！」

と言って、アドバイスしてしまいます。

デザインの考え方はあまり一般的には知られていませんが、本当にすばらしいものです。そして、いろいろなことに応用できます。

もっと、デザイナー以外の人にもこの考えを知ってもらい、悩みのない人生を送ってもらいたい――これこそ、私がこの本を書いたいちばんの目的です。

たとえば、カラー口絵の最初のページを見てください。

もし、あなたが今この瞬間、「ダルくてつらい」と感じているのであれば、そこに載っている葉っぱのイラストをじーっと一〇秒間、見つめてください。

どうでしょう？　少し疲れが取れた感じがしませんか？

これがデザインの力です。

色にはあなたが思っている以上に意味があるのです（緑色は脳下垂体《のうかすいたい》を刺激し、ストレスを解消する。赤は循環器系を刺激し、血流を促進する。黄色は自律神経を刺激し、笑いを生む）。でも、デザイナーなどの専門家でなければ、そんなことは知るはずもありませんよね。

「はじめに」なので、あえて簡単な例を挙げましたが、このように、デザインの考え方を切り口にさえすれば、あなたの悩みはちゃんと解決できます。

意志の力だけで悩みを解決できないなら、デザインに頼ればいいのです。

今日からあなたもデザイナー

この本では、日常生活の中で誰もが一度は抱いたことのある身近な悩みを100取り上げました。そのすべての悩みに、私はデザインを使って答えを出しています。

私と一緒に、その解決へのプロセスを見ていきましょう。

私のところには日夜《にちや》、企業からありとあらゆる問題が持ち込まれてきますが、企業の問題だろうと人生の問題だろうと、解決法を出すという意味では区別がありません。デザインの対象は「何でもあり」なのです（ただし、デザインでも解決できない問題があります。それは病気です）。

だったら、身近なところから考え始めるのが、いちばんの近道だと思います。

デザインの教科書のように、いきなり理論や実例から入っても、あまり興味がわかないし、ピンときませんよね。

もともと、古代より、デザインは専門家ではなくふつうの人々が生活の中で行ってきたものでした。デザイナーという職業は、最近生まれたものです。

この本のもう一つの目的は、専門化してしまったデザインを再び私たち生活人の手に戻すことです。

あなたには、生まれつきデザイナーの素質があるのです。

この本の使い方

買う、使う、学ぶ、つながる……生活の場面ごとに、100の悩みを分類しました。それぞれ、右ページに悩み（＝問題のとらえ方）、左ページにはその解決法（＝企画書）が載っています。

これは、あくまでも私というデザイナーが出した一つの答えです。

その答えを参考にしながら、自分だったらどういう答えを出すのか、一つずつ考えてみてください。

すべての悩みが、デザインの考え方を身につけるための例題になっているのです。

読んでいく順番は問いません。「これは私の悩みだ！」と思うところから読んでいってください。そして、通して読めば、デザインの全体像が見えるようになるはずです。

ズボラな自分を変えるために、ぜひ頑張ってみてください。

目次

働く

加わる

つながる

愛する

生きる

口絵・図版デザイン 斉藤理奈子、五味綾子

※悩みが解決したら、チェックボックスにチェック（1 ✓）を入れてください。
すべての項目にチェックが入ったら、あなたはもうキッパリ人間です。

買う

「デザイン」のアウトライン

1　プレゼントが選べない

誕生日、クリスマス、お祝い事……。プレゼント選びはそう簡単ではありません。

実は、プレゼント選びの手順は、「デザイン」の基本的なプロセスとほとんど同じものなのです。なので、プレゼント選びの方法がわかれば、デザインの方法もわかります。

デザインでは、何よりもまず目的を設定します。**目的のないデザインはデザインではありません**。プレゼント選びの場合、その目的は「相手を喜ばせる」ことになります。

次に、コンセプトを決め、ターゲットを絞《しぼ》ります。コンセプトは、「届け私の気持ち！」というように、できるだけ具体的なものにします。ターゲットは、ここでは贈る相手です。ターゲットをリサーチ（事前調査）するのもいいでしょう。テーマは「プレゼントは何がいいか?」ということで、数人で集まってブレーンストーミングを行い、候補を出し合います。

そして、決定条件を確認し、候補を絞り、四つのポイントから候補を評価します。

ここまでしてはじめて、プレゼントの決定、購入になるのです。

そして、最後に忘れてはならないのが効果測定。喜んでくれたかどうか、ちゃんと確認します。これは、デザインが目的を達成したかどうかの判定であり、次への反省にもなります。

★「デザイン」のアウトライン

「プレゼントを決める」

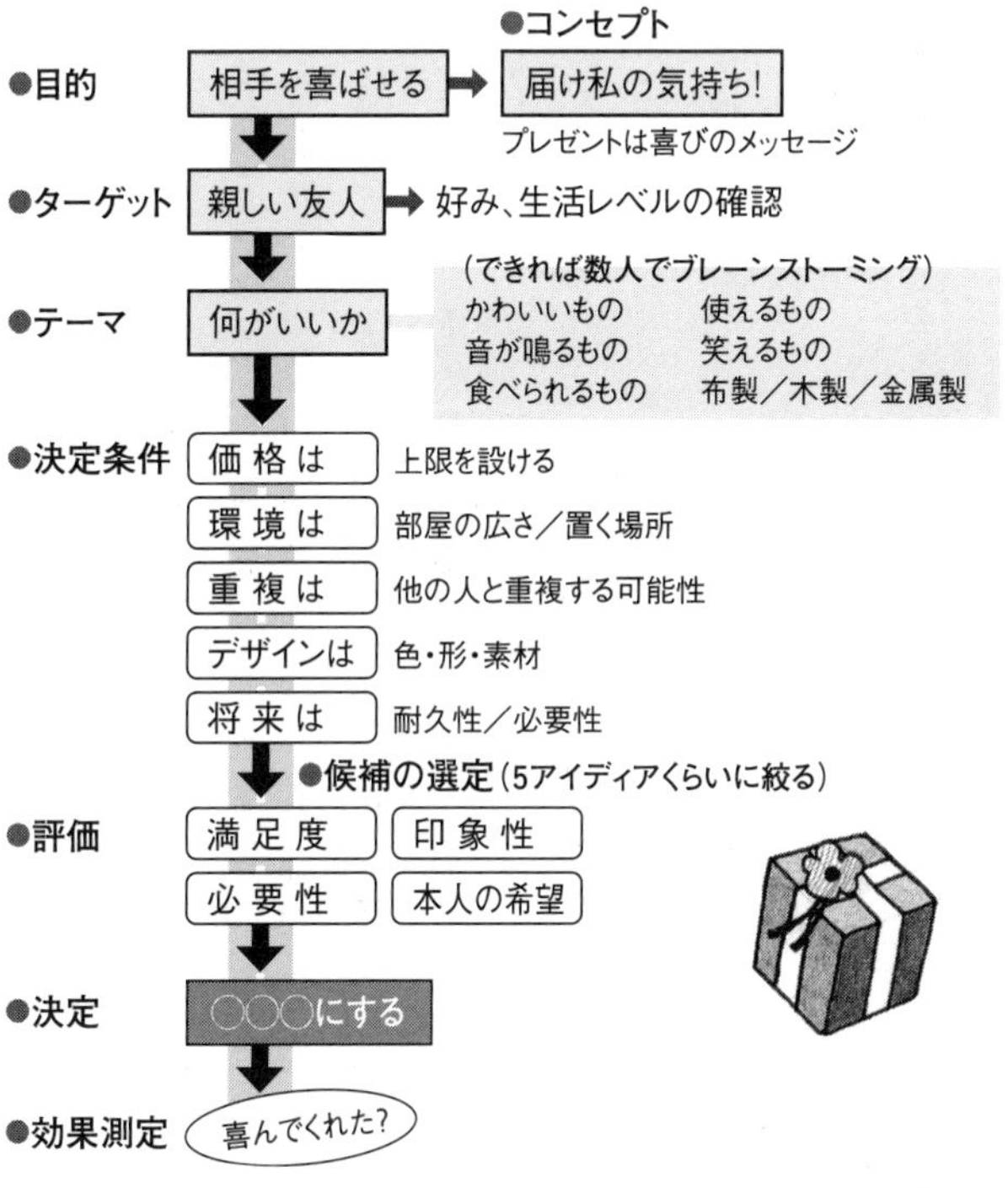

用語解説

ブレーンストーミング

より幅広くアイディアを出すための手法の一つです。思いつきや連想を柔軟に出すことであり、意外性のあるアイディアを生むことが目的です。進行役となるチェアマンと出された意見を記録する書記が必要です。まずテーマを決めて、思いついたことを口に出していきます。時間を決めて意見を出し合い、終了後、意見を整理・分析し、一つのアイディアに集約させます。

2　自分に似合う服がわからない

目的の設定

自分に似合う服を探すのは思った以上に大変なことです。買い物に行っても、十分に納得して服を買うことはめったにありません。だいたいは、「まぁ、似合うだろう」くらいに思って買うことが多いのです。なぜ、こんなにも似合う服を探すのは難しいのでしょうか？

その原因は、**自分に似合うかどうかは自分の好き嫌いとは関係ない**、というところにあります。好き嫌いで服を選んでいるうちは、永遠に自分に似合う服は選べないのです。

デザインでは、デザインの対象を客観的に把握します。この場合の対象は「自分」です。自分に似合うというのは、好みの問題ではなく、「自分を相手にどのように見せるか？」というプレゼンテーションの問題なのです。

「自分に似合う服を選ぶ」には、服はプレゼンテーションのための重要なツールだと考えることが大事です。その服を着ようとしている場所、時間、雰囲気、イベントの内容といった条件を整理して、どういう相手にどういう自分を伝えようとしているのか、**「目的」をはっきりと明確にすれば、おのずと選ぶべき服の形、素材、色が決まります**。

似合う服とは、ある目的を達成するために、いちばん効果を発揮する服のことなのです。

★目的の設定

「似合う服の買い方」

自分の見せ方の問題

・服／化粧／小物
・立ち居ふるまい

↓ プレゼンテーション

作りたい自分のイメージ

↓ 着る場所にいる自分のイメージ

着る目的は?

・どこに着て行くのか ― くつろいだ会場〜格式の会場
・いつ着るのか ――― 季節は?時刻は?
・イベントの内容は ―― そこで行われること

【どのような自分に見せるか】

・そこで目立ちたい →強いコントラスト
・いい印象を与えたい →調和のある配色
・やさしい雰囲気を作りたい→エレガントさを強調
・存在を消し、溶け込みたい→モノトーン、ナチュラルを取り入れる

形―素材―色 → **着る服**

用語解説
プレゼンテーション

もともとの意味は、提示や発表。自分がどのような考え方をしているか、相手に伝えることを意味しています。特に、デザイン会社や広告会社がクライアント（広告主）に対して行うデザイン企画や宣伝計画の提案を指しています。略して「プレゼン」と言います。このプレゼンがきちんと実行できないと、コミュニケーションが不可能になったり、仕事が他の会社に取られたりします。

3　安い買い物でおしゃれに見せたい

評価と効果測定の方法

キレイな女優さんが、「これはノーブランドです」と言って安い服をおしゃれに着こなしているのを見ると、「もとがいいから……」と羨《うらや》ましくなります。

ところが、こうした着こなしはあなたにもできることなのです。

大切なのは、うまくコーディネートすること。コーディネートとは、組み合わせて調和を得るという意味です。

組み合わせるものはたったの三つ。形と素材と色です。これがコーディネートのすべてだと言えるでしょう。ここでは、「同質のものは調和しやすい」ということだけ覚えてください。

たとえば、綿と綿、青と青は互いに調和します。

そして、おしゃれ度をアップさせるのが効果測定です。自分の考えた着こなしで外出し、うまく調和が得られているかどうか、何人かに客観的に評価してもらうのです。

ノーブランド同士のコーディネートでも、調和さえ得られていればおしゃれに見えます。

逆に、ブランド物でかためても、調和が得られていなければダサく見えます。

効果測定の結果を受けとめ、次に生かせば、確実におしゃれ度はアップするでしょう。

★評価と効果測定の方法

「おしゃれを作り出すには」

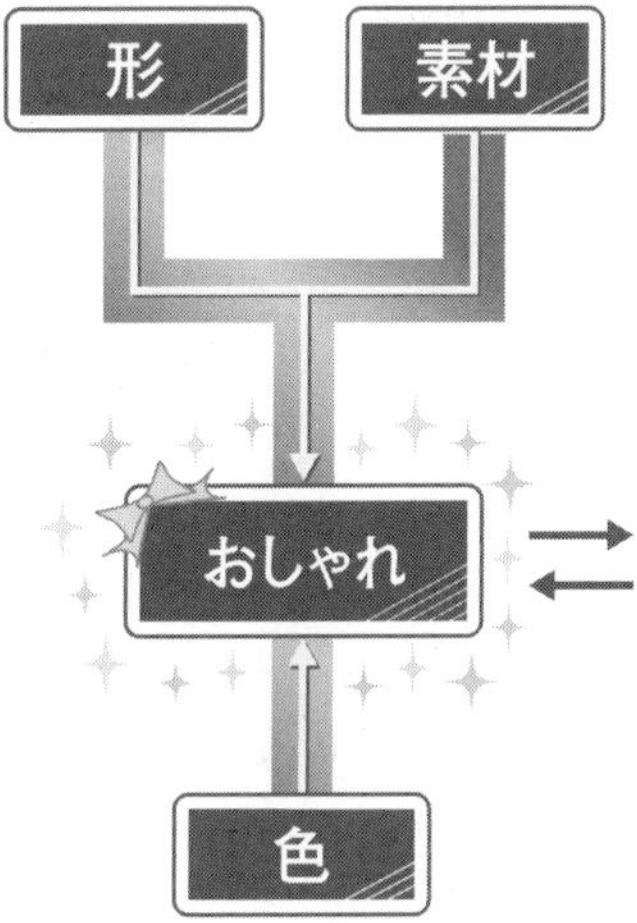

コーディネート

- 組み合わせから得られる調和
- 同質のものは調和しやすい
- 思いきりが大切

効果測定

- 人に評価してもらう

a.全体のまとまりは?
b.ファッションとしてキレイ?
c.ブランドがばれていたか?
d.自分に似合っていたか?

効果測定をくり返すうちに

- おしゃれがわかってくる
- 自信につながる
- 「思いきり」がよくなる

- カラーコーディネートのヒント

a.エレガントのカラーイメージを利用する
b.モノトーンを利用する(白、黒、灰)
c.色相の統一
d.アクセントカラーの活用
e.伝統色の利用

※配色に関しては口絵を参照してください

用語解説
効果測定法

デザインは実施したものがどの程度効果があったのか測定して終了します。デザインのやりっ放しは、次のデザインにつながりません。また、効果が出なければ、見栄えよくできていてもデザインとしては失格です。効果の測定はデータやアンケートによってチェックが行なわれます。結果は数字によって表示されます。たとえば、チラシを出したとしたら、その結果の来客数を昨年と比較したデータにしたりします。

4　ブランド物に極端に弱い

日本人はブランドに弱い、とよく言われます。たしかに、街であたりを見渡せば、高級ブランドに身をかためた人をすぐに見つけることができます。ですので、ブランドに弱いのは、何もあなただけではありません。これは、日本の文化とも言えます。

ブランドに頼ることは、必ずしも悪いことではありません。しかし、そのブランドのものならなんでもOKというのは、ただのコレクターにすぎません。製品の機能を知り、それを生かしてはじめて価値が出てきます。

ブランドに頼るのは、自分の中に美的な価値に対する明確な基準がないことを意味します。**自分の選択眼がしっかりしていれば、ブランドに関係なく、いいものを選ぶことができます。**

そのためには、どうすればよいのでしょうか?

まず、それぞれのブランドの強みや特徴、**つまり「価値」をちゃんと把握することから始めましょう。**そうすれば、AのブランドにあってBのブランドにはないものが見えてきます。そのうえで、自分らしさを表現するために、どのような価値を身につければいいのか考え、ブランドの名前にとらわれず、自由な発想でブランドを選択していけばよいのです。

★ブランディングデザイン

「ブランドを選ぶ」

ブランド価値を作るもの

1 信頼　2 伝統　3 品質　4 デザイン　5 保証

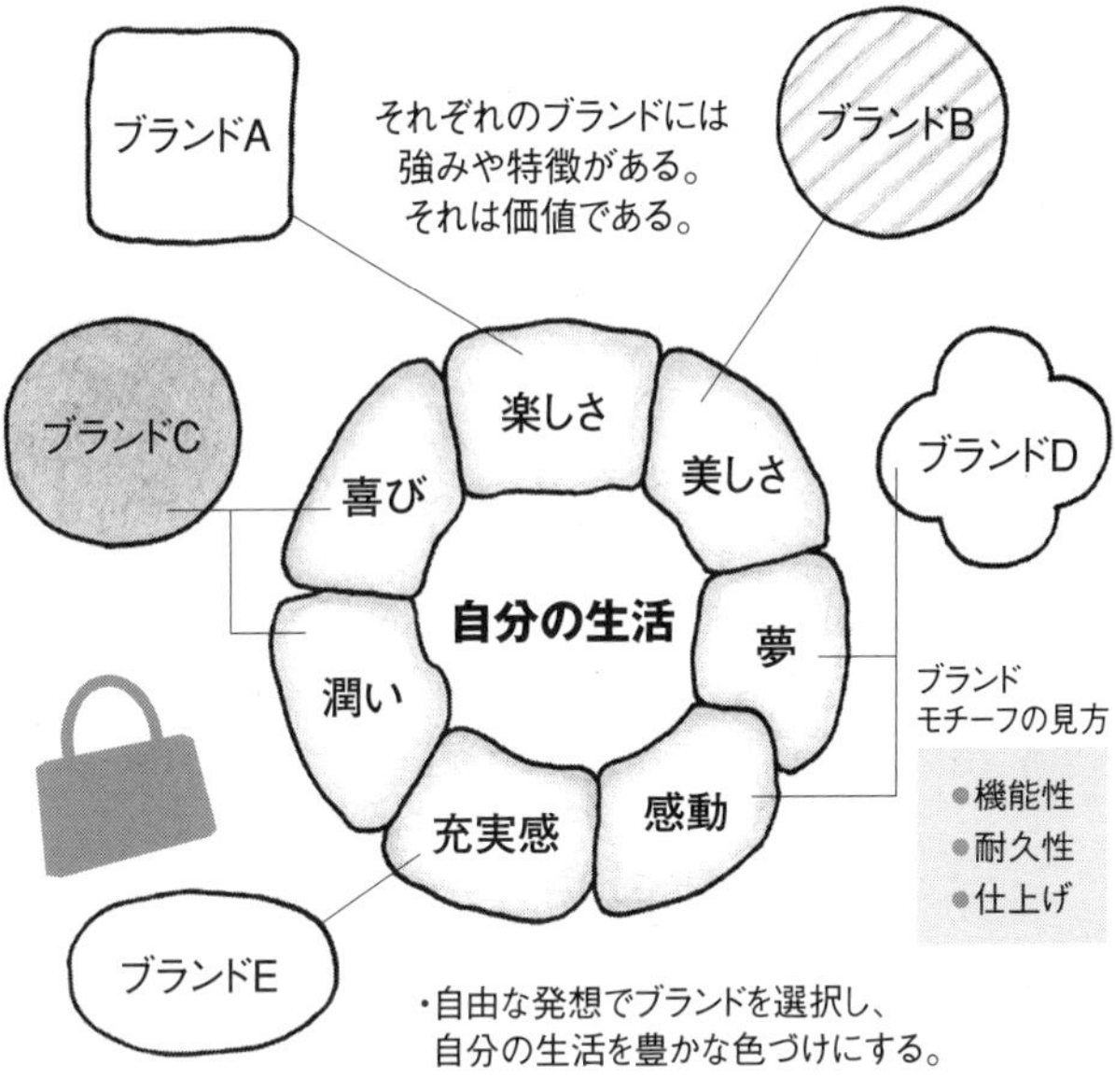

ブランドA
それぞれのブランドには
強みや特徴がある。
それは価値である。
ブランドB
ブランドC
ブランドD
楽しさ
美しさ
喜び
自分の生活
夢
潤い
充実感
感動
ブランド
モチーフの見方
●機能性
●耐久性
●仕上げ
ブランドE
・自由な発想でブランドを選択し、
自分の生活を豊かな色づけにする。

用語解説
ブランディング

ブランディングとは、既成のブランドの活性化、新ブランドの立ち上げなどを行う活動を言います。ブランドは企業にとっての財産であり、戦略的な武器と言うこともできます。ブランドは一種の価値であり、それだけで信頼を得られます。消費者はその価値に対してお金を払うことになります。ブランディングでは、ロゴやブランド・ネーム、パッケージなどといったブランド要素のデザイン制作が行われます。

5　どうしても衝動買いがやめられない

衝動買いの心理は実に巧妙です。理性も、その心理の前では何の力にもなりません。そして、衝動買いの難しいところは、買うときは本当に必要だと思っていることです。購入してはじめて不必要だと気づき、衝動買いしてしまったことを後悔するのです。

購買動機の約五〇パーセントは衝動買いだとも言われています。だから、自分だけの力で衝動買いに打ち勝つのは至難のわざだと言えます。

それでもデザインは、何とかそれをくいとめようとする人をサポートします。この場合、「目的をそらす」と「冷静にさせる」という二つの方法が考えられます。

目的をそらすとは、もっと必要なものを買うために支出をひかえさせることです。たとえば、自動車を買うためにいま目の前にあるものを諦めるということです。冷静にさせるというのは、「これは本当に必要なのか?」と理性を呼び戻すことです。

この二つを合わせて、目に見えるツールを作ります。それはいつも必要なわけではないので、衝動買いしそうなときに目に入ればいい、という形のデザインになります。

このツールによって、「自分が衝動買いしそうになっている」ことを認識できるのです。

★気をそらすツール

「衝動買いをやめる」

ちょっと待て!!
¥
が遠ざかる。

サイフの幅に合わせたサイズ

を
買うまでの我慢

カードサイズ

ストップ
ザ・ムダヅカイ

切手サイズ

《デザイン上のポイント》

●カードは、コピーしてもパソコンで製作してもよい
●必ず自筆で、目標のものを書く
●サイフに入れるか、目につきやすいケースに入れる

用語解説

購買動機

購買動機とは、その商品を購入する動機となるものです。それは人の心理（欲求）を利用する形で計画されます。広告や店頭での展示は、購買動機が増幅するような仕掛けを作ることがポイントになっています。したがって、それをさえぎれば購買意欲は低下します。その例として「本当にそれが必要なのか」という問いかけがあります。

6　つい、店員の口車にのせられてしまう

一時、「カリスマ店員」と呼ばれる販売員がもてはやされました。常連客は、その人の言うことならほとんど信じきって、商品を買ってしまいます。まさに、「口車」にのってしまうのです。

他にも、テレビショッピングや実演販売などは、催眠的話術で人の購買意欲をうまく刺激して、購入のためのモチベーションを生み出します。テレビCMなどの広告も、ある意味「口車」で、私たちに商品を買わせようとします。

といっても、必要なものならまだしも、余分なものまで無理に買うことはありません。口車にのりやすい人というのは、自分自身の信念がしっかりしていないと言えます。確固たる信念があれば、人の勧めも断ることができます。

デザインを生かした解決方法は、**購買動機の一八〇度逆を考える**、というものです。たとえば、「とにかく素敵だ」と思ったなら、「よく見ると普通だ」と意識的に考えるようにします。**天《あま》の邪鬼《じゃく》になっていいので、無理にでも拒否理由を探すのです**。

それでも「買いたい！」と思うのなら、それは本当にあなたに必要なものなのです。

★拒否するデザイン

「考えてから買う」

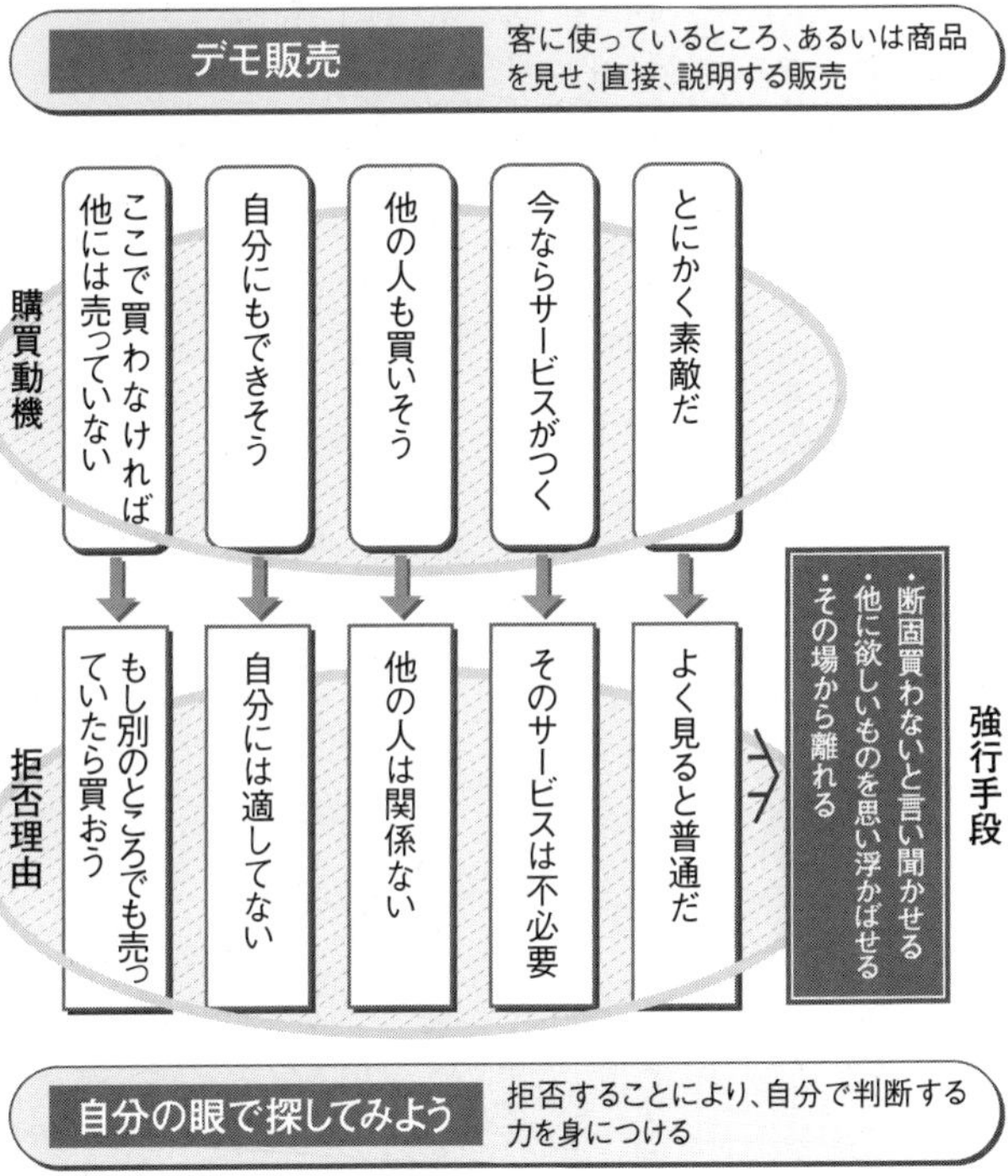
デモ販売
客に使っているところ、あるいは商品を見せ、直接、説明する販売
購買動機
とにかく素敵だ
今ならサービスがつく
他の人も買いそう
自分にもできそう
ここで買わなければ他には売っていない
拒否理由
よく見ると普通だ
そのサービスは不必要
他の人は関係ない
自分には適してない
もし別のところでも売っていたら買おう
強行手段
・断固買わないと言い聞かせる
・他に欲しいものを思い浮かばせる
・その場から離れる
自分の眼で探してみよう
拒否することにより、自分で判断する力を身につける

用語解説

カリスマ店員

九〇年代にファッション系のショップで、販売スタッフの中でもカリスマ(店の看板)として活動した店員。この店員によって売り上げが左右されました。現在は脱カリスマの時代と言われています。ショップ全体がカリスマ性を持つような接客戦略が取られています。特に、好感を抱く身だしなみ。話しかけやすい温和な表情。会話中の表情、あいづち、うなずき。さわやかでテキパキとしたメリハリのある動きなどが求められています。

7　いつも同じようなものを買ってしまう

本屋で読みたい本を買って帰ったら、なんと、本棚にいま買ってきた本が……。

そこまではいかないまでも、すでに持っているのと同じようなデザインの服を買ってしまったりするのは、誰にでもよくあることです。それは、**自分の持っている興味や意識が、いつも同じようなものに同調してしまうからだと言えます**。

物ではなく人でも同じです。生涯で好きになる人には共通点が多く見られます。たとえば、自分を捨てた人と同じようなタイプの人をまた好きになってしまうことはよくあります。

買い物でそれがくり返される場合、無駄になるので、どうしても避けなければなりません。同じようなものを買わないためには、どうすればいいのでしょうか？

答えはカンタンです。

くり返し同じものを買う人をリピーターと呼びますが、**リピーター作りの逆をすればいいのです**。同じようなものを見ても新鮮に感じなければ、手を出すことは少なくなります。見慣れてしまうのです。

つまり、買ったものをしばらく露出《ろしゅつ》させたり、触れたりする機会を設ければいいのです。

★新鮮さのデザイン

「リピーターにならない」

見るチャンスが少ない
存在を忘れた
新鮮！
×買ってしまう
見えるところに置く
使ってみる
飽きる！
○買わない

・飽きたものは買わない

リピートの条件
新鮮な刺激
次への期待
離反の条件
マンネリ
期待が持てない

・いつも同じようなものを買ってくれる客は固定客である。
・しかし、企業も同じものを作るのに慣れてしまうと向上心を失う。

用語解説
AIDMA

アイドマと呼ばれ、マーケティングや広告制作でよく用いられる手法で、Attention（注意）、Interest（関心）、Desire（欲求）、Memory（記憶）、Action（行動）の頭文字を取ったものです。これは、消費者が情報を得てから購買行動を起こすまでの心理変容プロセスを、五段階に分けてモデル化したものです。消費者にいかに商品を購入させるか、それを心理が変化する段階ごとに戦略化するのです。

8　チラシを見ていると、ぜんぶ欲しくなる

新聞の折り込みチラシの量は年間一万枚以上。まさに膨大《ぼうだい》な量です。チラシは景気のバロメーターと言われていて、景気回復の動向を伝えてくれます。チラシは、数ある広告の中でも、直接的にメッセージが送れるメディアということで、影響力が強いのが特徴です。

みなさんはあまり意識しないかもしれませんが、**実は、チラシには、ありとあらゆるデザイン理論が応用されています**。人の目を引き、興味を持たせ、共感を得させて、購買に結びつけるための方法が凝縮《ぎょうしゅく》されているのです。

なので、チラシを手にした人が「欲しい!」と思うのは当然のことです。けっして、間違いではありません。チラシを見て食指《しょくし》を動かさない人のほうがめずらしいのです。

ただ、「ぜんぶ欲しい」と思ってしまっては、情報に踊らされるだけで、本当に必要なものを買うことができません。**大切なのは、チラシから必要な情報だけを得ることです**。

そのためには、チラシの読み方をマスターする必要があります。チラシを賢く利用すれば、逆に節約にもつながります。

★チラシデザインの基本

「チラシはたくみに作られている！と意識しよう」

チラシのレイアウト

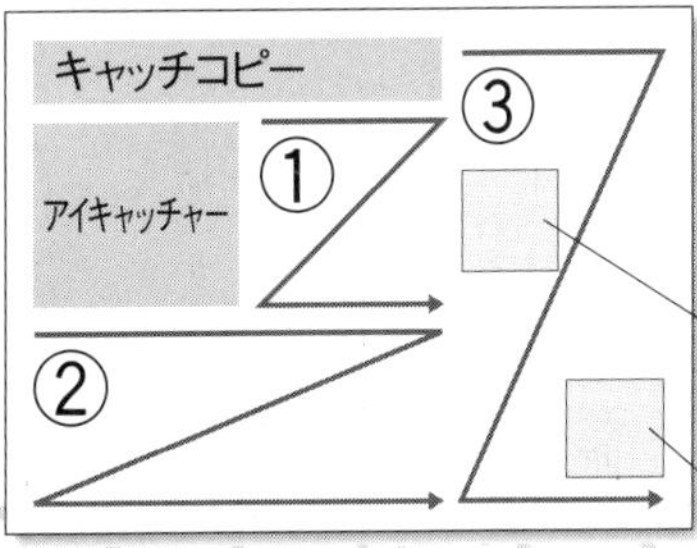

デザインのポイント

セールなどのタイトルは根拠のあるテーマにする

①は目玉商品

②はセールのメイン商品

商品は写真でしっかり見せる

③は便乗商品

ついでに買わせる商品

人を引きつけるよう作られている

・キャッチコピー　人の心をとらえるコピー（イベントタイトル）

・アイキャッチャー　人の目をとらえる写真や絵（目玉商品）

・視覚誘導　①～③への視線の誘導

・目玉商品は、価格、銘柄、量、新しさなどが際立っているものを用意し、客寄せの役割を果たしている

チラシの賢い読み方

a. 比較 ── 同じ商品を別のチラシに掲載されているものと比較す

b. サービス ── 割り引き、増量、プレゼントなどのサービスをチェック

c. 必需品 ── 安いから買うのではなく、必要だから買う意識を持つ

d. 客寄せ ── 客寄せの目玉商品につられ、他の不要品まで買わない（特に③の商品）

9　買いたいものが多すぎて、逆に何も買えない

現代人は物欲のかたまりだと言われています。あれも欲しい、これも欲しい！　ウィンドウショッピングをしながら、カタログを見ながら、いつも目をキョロキョロさせています。ところが、その欲が限度を超えると、どれを選んでいいのかわからない！　というパニックに陥《おちい》ります。バーゲンセールに行ったのに、欲しいものがありすぎて結局ほとんど何も買えずに店を出てしまった、といった経験がみなさんにもあるのではないでしょうか。

買いたいものが多すぎて逆に何も買えない、というおかしな現象には原因があります。**優先順位のつけ方を知らないのです**。デザインで用いる優先順位法を見てみましょう。

はじめに、買いたいものを衣類、家電製品、雑貨といった大きなグループに分け、どのグループが今もっとも必要か検討し、順序をつけます。次に、そのグループ内のアイテムにもまた順位をつけていきます。

すべての順位づけが終わったら、最終決定を行います。もちろん、一位グループの一番が最優先されるのですが、次にくるのは、一位グループの2番でも二位グループの1番でもかまいません。そこは自分で考えて、優先順位を決めていきます。

★優先順位法

「もっとも必要なものを決める」

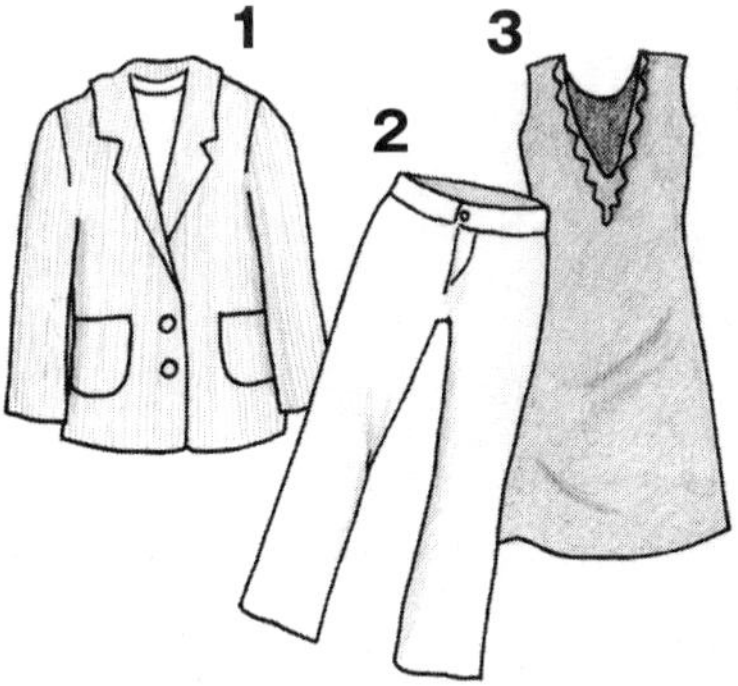

1位

●今すぐ欲しい
●近々使う
●バーゲン

2位

●そろそろ買いたい
●前のものが嫌になってきた
●新製品が出た

3位

●いつかは欲しい
●別に今は必要ない
●またゆっくりチェック

10　車が欲しいけど、ピンとくるのがない

高価なものを買うとき、人は慎重《しんちょう》になります。最近では、デジタルカメラやパソコンや車など、高額商品の機能やクオリティはどのメーカーのものでも大して変わらなくなりました。だから、そういう意味では、どれを買っても同じと言えるかもしれません。

では、消費者は何を見ているかといえば、デザインの良し悪しです。自分の好みのデザインに価値を見出しているのです。

たとえば、車には、スタイルとサイズというデザインの重要な要素があります。また、色も決定的な選択の基準になります。

しかし、スタイルもサイズも色も、**けっして無限に用意されているわけではありません**。最近では、カスタムメイドっぽく、いろいろな色や仕様を組み合わせることも可能ですが、これも無限ではないので、本当に自分の求めているものとは微妙なズレが生じてしまいます。

安いものであれば、微妙に好みと違っていても受け入れることができるのですが、高価なものだけに、なかなか納得することはできず、購入に慎重になります。

ここで必要なのは、「価値ある妥協《だきょう》」です。デザインに完全はないのです。

★不完全デザイン

「いい妥協もある」

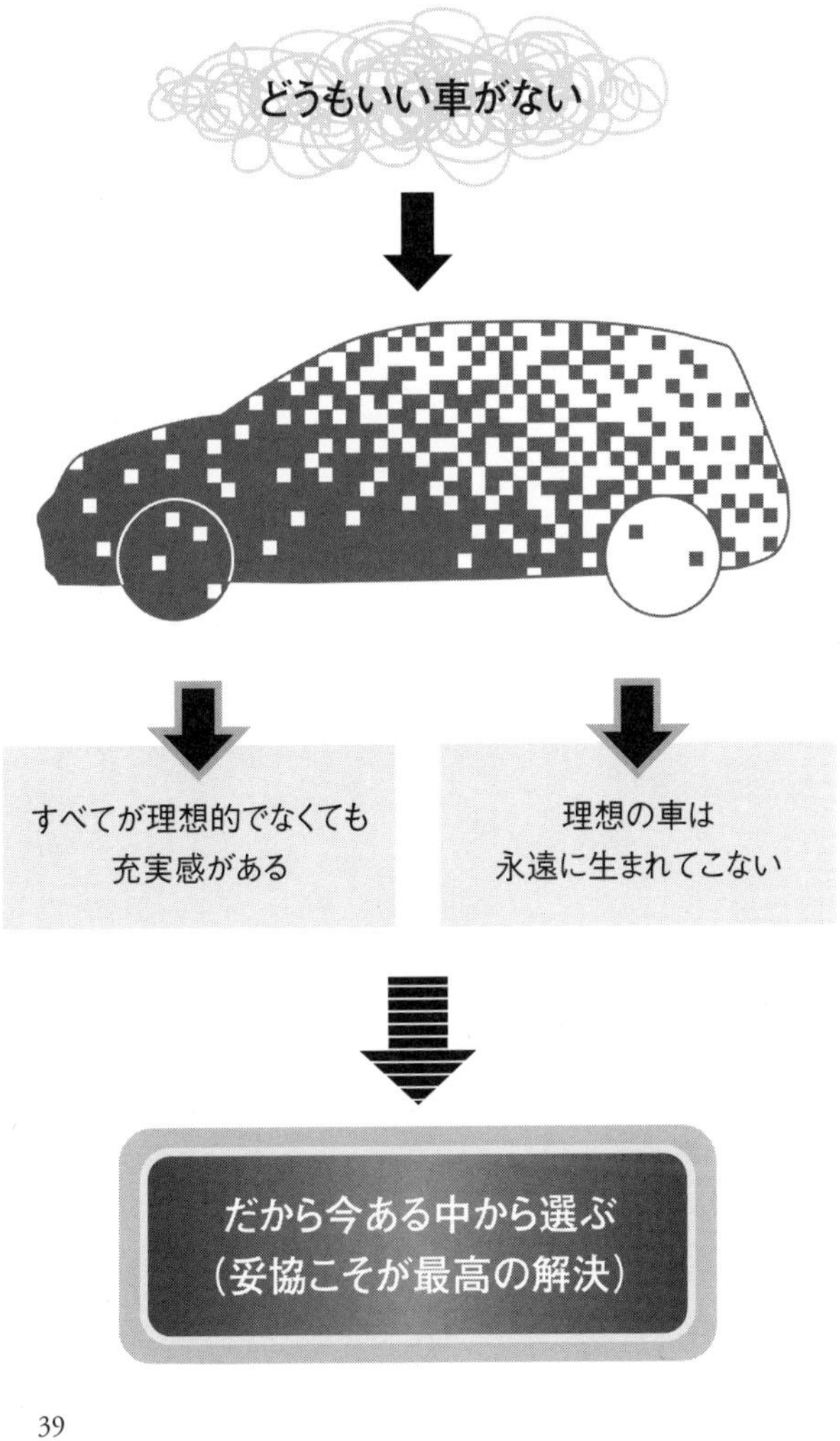
どうもいい車がない
すべてが理想的でなくても
充実感がある
理想の車は
永遠に生まれてこない
だから今ある中から選ぶ
（妥協こそが最高の解決）

使う

11　未読本の山をどうにかしたい

デザインサーベイ手法

いずれ読もう、と思って買った本の六割はツンドクになるというデータがあります。本屋で見かけて面白そうだと思って購入しても、なかなかゆっくりと本を読む時間が取れず、未読本の山ができている人も多いことでしょう。

せっかく何かを感じて買ったのですから、眠らせずに、活用する方法を考えましょう。

デザインには、デザインサーベイという調査手法があります。ツンドクされている本は、その存在さえ忘れられていることが多いので、ここでは、環境調査と埋《う》もれた本の発掘調査がメインになります。

どれくらいの本が未読なのか？　未読本はどのような状態で埋まっていたのか？　その本の購入動機は？　なぜ買ってすぐに読まなかったのか？　これらのデータを一冊ごとに記録していきます。そして、少し面倒ですが、サーベイの結果を報告書にまとめます。

すると、これまで漠然とツンドクになっていた未読本には、「ベストセラーは買うだけで満足していた」など、何かしらの傾向があることがわかってきます。**傾向がわかれば、読破計画などの対策も立てられるようになります。**

★デザインサーベイ手法

「読んでいない本を発掘しよう」

未読本の状況調査

1 未読本の発掘

- 1冊ずつ、眠っていた場所と状況を記録する
- 本のタイトル、著者、出版社、価格の記録

2 購入目的の再確認

- 該当する本の購入日、購入場所
- 購入した動機を思い出し記録する

3 既読本の中の類似本チェック

- 本棚にある既読本で、未読本に類似するもの
- 本のタイトル、著者、出版社
- 内容概略、類似する傾向に歯止め

4 今後の読書計画

- 未読本の読破計画

以上をまとめ、レポートを作成する。同時に、項目ごとに一覧表にする。

☆これを本気でまとめると、自分の読書傾向がわかるばかりでなく、たとえば「ビジネス系」と「音楽系」の本をたくさん持っていたら、「音楽ビジネス」という読書の新テーマが生まれてくる。

用語解説

デザインサーベイ

サーベイとはもともと調査するという意味があります。デザインサーベイと言うときには、デザイン的な部分の調査ということを意味しています。たとえば、ある町のあるエリアをデザインサーベイすると言うときには、生活、環境、文化、歴史、産業、街並みなどを調査することになり、そこでの生活の内容や質を知ることができます。デザインの目的は生活の構築ですから、サーベイの結果は即、生活に生かせます。

12　どんな服を持っていたか忘れてしまう

ビジュアル整理法

タンスを整理していたら、数年前に買った洋服と久しぶりのご対面。「そうだった、こんな服も持っていたんだ！」と、自分の物忘れにビックリすることがあります。

この「しまい忘れ」をなくすために、自分の持っている服の情報を視覚化して整理します。タンスの奥に入りすぎて目にする機会が失われたのが、いちばんの原因だからです。

まずは、視覚化するために洋服の写真を撮ります。

インスタントカメラなら、すぐにカードとして分類できるので便利ですが、写真一枚あたり値段が高いのがたまにきず。デジタルカメラで撮って、パソコン上でアルバム式に整理するのがいちばんでしょう。

その際、写真を、春夏秋冬、四季ごとに分類しておくと便利です。さらに、服と合わせる別のアイテム（靴やバッグなど）も写真にしておくと、コーディネートに抜群の威力を発揮します。

また、デジカメ画像を一枚一枚プリントアウトしてカードにすれば、タンスの引き出しなどに直接貼《は》って、中身をビジュアル的に把握することもできます。

★ビジュアル整理法

「買った服を思い出す」

①買った服は、デジカメやインスタントカメラで撮影し、
データやカードとして季節ごとに分類する
②服とその他アイテムとの組み合わせによって、
コーディネートを決めていく

用語解説

分類と整理

デザインの発想において重要な役割を果たすのが、あらゆる資料です。過去の実績、類似デザイン、市場調査など、資料と呼ばれているものには何種類もあります。資料はあればいいというのではなく、それをどのように分類し、整理するかで価値がまったく違ったものになります。また、分類したものをどのように解釈するか、つまり分析がそのあとに続きます。

13　手帳をうまく使いこなせない

ひとくちに手帳と言ってもその種類は多く、小型から大型、日付入りからメモ用までさまざまです。最近では、「夢をかなえる手帳」といったものまで出ています。

手帳をうまく使いこなせないのは、手帳に期待する機能と、持っている手帳の機能にズレがあるからです。また、機能が多すぎて、どれもが中途半端になっている人もよく見かけます。

自分が手帳をどう使いこなしたいのか？　まずは、その目的を明確にします。

手帳には大きく三つの機能、スケジュール確認、情報整理、記録があるので、これらの機能のうちどれを重視するのかによって、手帳の選び方も組み立て方も変わってきます。手帳にすべてを求めるのではなく、どれか一つの機能に絞るといいでしょう。

さらに、**既製品をそのまま利用するのではなく、自分がいちばん使いやすいように創意工夫する必要もあります。**そうすることで、手帳の機能を一〇〇パーセント活用できるようになるのです。

自作のページを作る際には、見やすさ（整理されてキレイ）と書きやすさ（書きたくなるスペース）にも注意してみてください。

★超常用手帳術

「手帳を使いこなす」

毎日書き込みたくなる日記の項目を考える

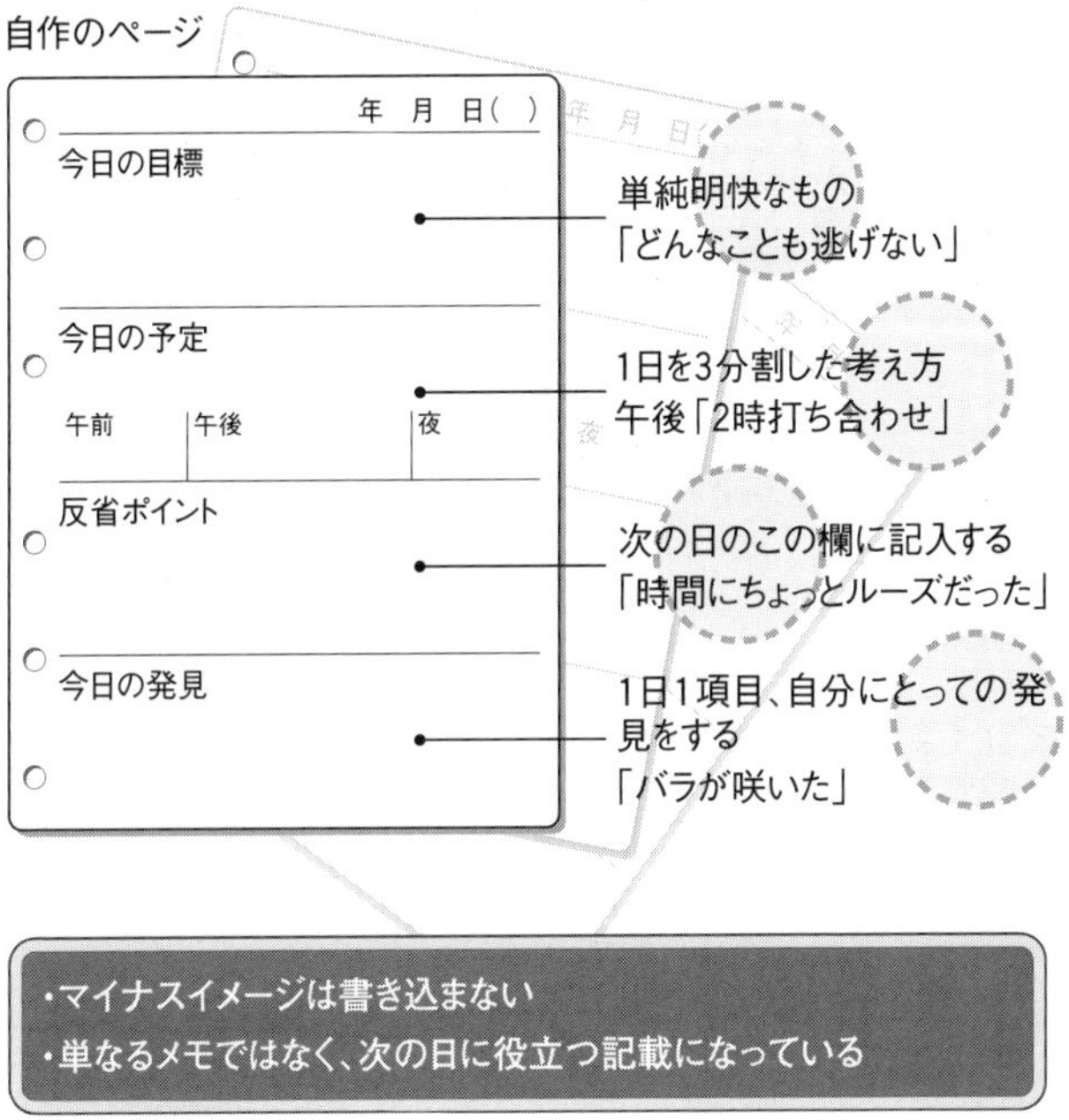

自作のページ
年　月　日(　)
今日の目標
今日の予定
午前
午後
夜
反省ポイント
今日の発見
単純明快なもの
「どんなことも逃げない」
1日を3分割した考え方
午後「2時打ち合わせ」
次の日のこの欄に記入する
「時間にちょっとルーズだった」
1日1項目、自分にとっての発見をする
「バラが咲いた」

・マイナスイメージは書き込まない
・単なるメモではなく、次の日に役立つ記載になっている

用語解説
手帳デザイン

欧米では日本と違って手帳をノートと言います。日本でのノートはいわゆる勉強するときのものです。日本でいう手帳は、日記と組み合わせたものが多く、その他に予定、計画、住所録、個人情報、専門情報などを合理的に編集したものになっています。システム手帳というものがありますが、各種の機能を集結させたものです。手帳を使いやすいものにするのが、手帳デザインです。機能性と装飾性を追求しています。

14　あまりもので料理ができない

イメージビジュアル法

あまりもので料理をうまく作るには、才能やセンスが必要だと思っている人は多い。**しかし、料理は、才能やセンスではなくデザインの問題です**。もっとも大切なのはイメージする力です。こういう料理を作ろうというイメージから、すべてが始まるのです。

イメージははじめが肝心《かんじん》です。まず、あまりものは何なのか、素材の確認を行います。これをしっかり頭に叩き込んで、次に料理のジャンルを一つ決めます。

ジャンルを決めたら、作りたい料理のイメージをより具体的にします。漠然と「イタリアン！」ではなく、はっきりとしたビジュアルを思い浮かべるのです。そして、そのイメージをスケッチするか、本の中から写真を探してきます。

慣れてくるとこの手順は不必要になりますが、**作りたいものを確実にイメージするにはスケッチ（視覚化）が適しています**。スケッチは、あいまいな部分をそのままにしておくことを許さないからです。

イメージが完成したら、それを実現するために料理法を二つ選びます。料理法は、少ない組み合わせのほうがスピーディーに失敗なくできるからです。

★イメージビジュアル法

「あまりもので料理を作っちゃおう」

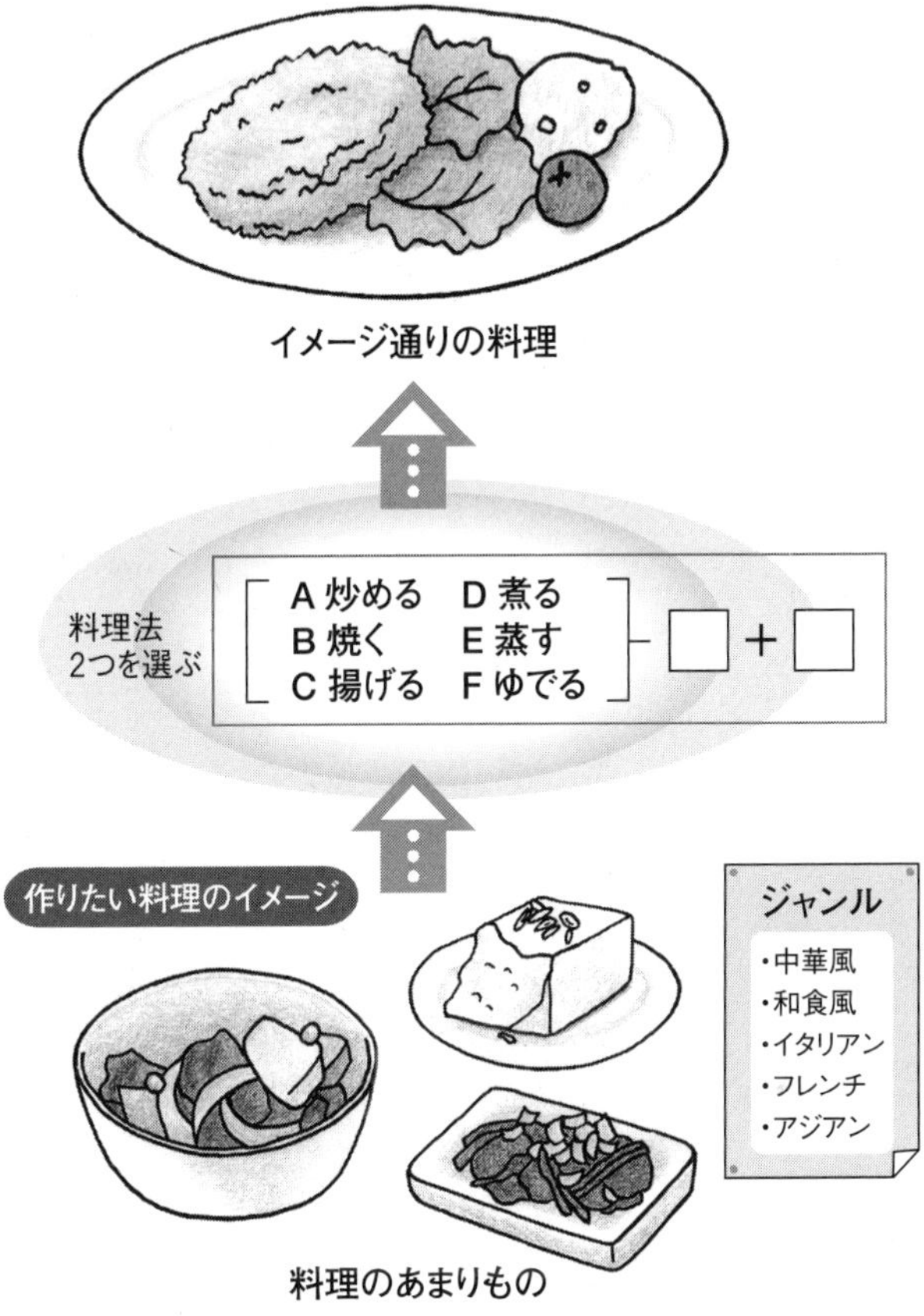
イメージ通りの料理
料理法
2つを選ぶ
A 炒める
B 焼く
C 揚げる
D 煮る
E 蒸す
F ゆでる
□＋□
作りたい料理のイメージ
ジャンル
・中華風
・和食風
・イタリアン
・フレンチ
・アジアン
料理のあまりもの

- あまりものの再料理は、どのジャンルの調味料を使用するかにある。
- 作りたいもののイメージをしっかり描くことが基本。

15 ものが捨てられない

ものが捨てられない＝雑乱《ざつらん》とした環境は、日本のように狭い生活環境にあっては百害あって一利なしです。動きにくいだけではなく、いざというときに必要なものが見つからないということにもなりかねません。

ただ、頭ではわかっていても、なかなかものが捨てられるようにはなりません。話はそんなに単純ではないからです。

捨てられない人の潜在意識には、ものに対する執着心があります。言い換えれば、ものを持つことで過去とのつながりを確認したいのです。**そういう人は、「いつか使うかも……」などと言い訳して、昔の思い出と決別するのを嫌います**。

本当にものを捨てて新しい環境を作りたいと思うなら、本気で「整理のプログラム」を実施しなければなりません。デザインはそのための手助けをします。

このプログラムでいちばん重要な過程は2です。捨てる決断をするために、「**二年以上使用しなかったものはなかったものと判断する」のです**。過去との決別は、それくらいの発想と気迫でのぞまなければ成し遂《と》げられないものなのです。

★デザイン版「捨てる技術」

「捨ててさっぱり」

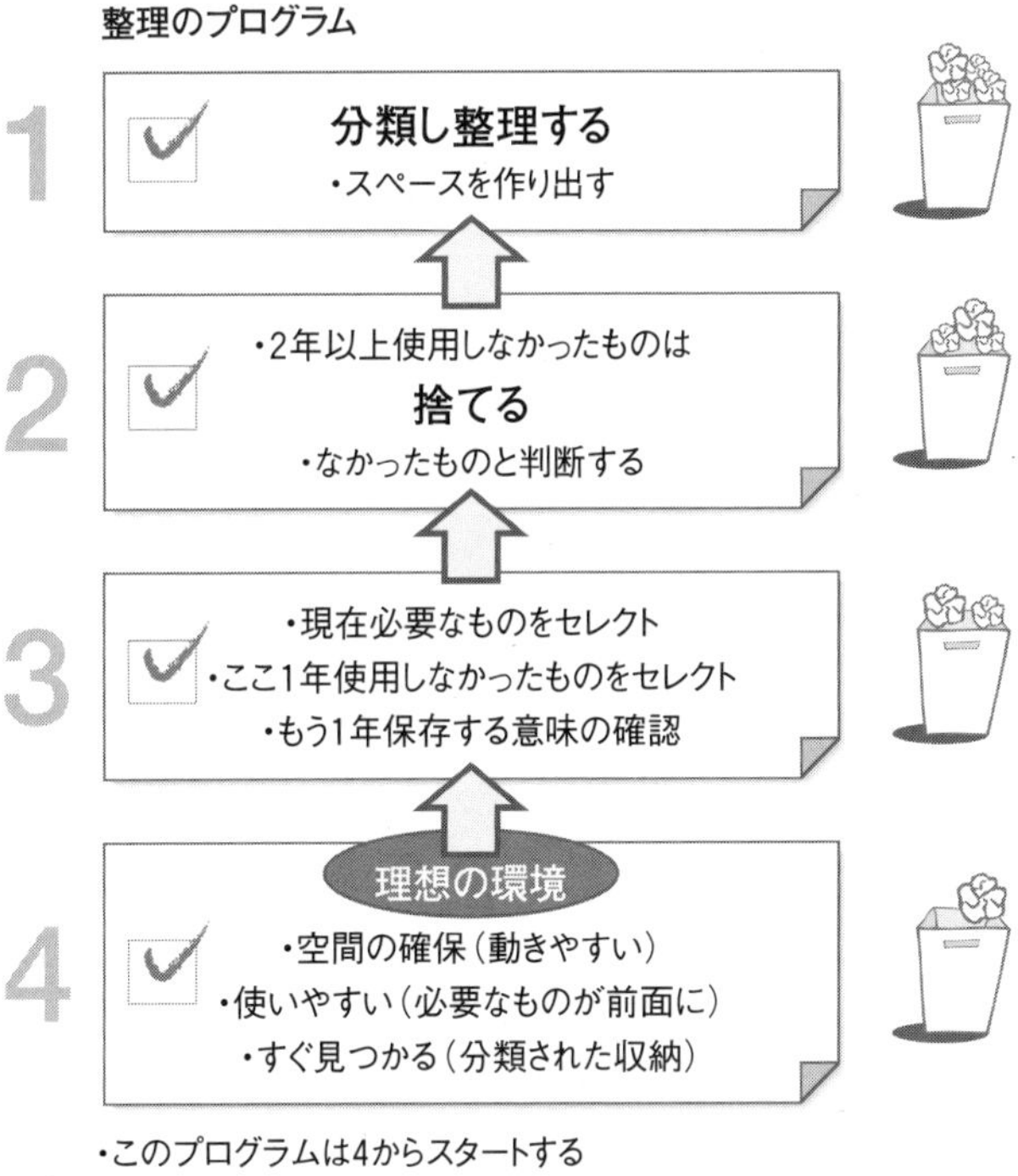
整理のプログラム
1
分類し整理する
・スペースを作り出す
2
・2年以上使用しなかったものは
捨てる
・なかったものと判断する
3
・現在必要なものをセレクト
・ここ1年使用しなかったものをセレクト
・もう1年保存する意味の確認
4
理想の環境
・空間の確保（動きやすい）
・使いやすい（必要なものが前面に）
・すぐ見つかる（分類された収納）
・このプログラムは4からスタートする

用語解説

リデュース（捨てる）

整理するという意味の中には、ものを捨てることも含まれます。整理とは、現在あるものを使いやすく、わかりやすいものにするため分類することですが、そこに捨てるということが加わります。捨てることは、種々の判断力を必要とします。それは、価値判断と言ってもいいでしょう。自分にとって価値があるかないかを判断して、捨てます。それができない人は、ものが溜まり収拾がつかなくなります。

見せる

16　今日着る服が決まらない　チェックリスト法

「ああ、どの服を着ていこう、もう時間がないわ！」

毎朝くり広げられるお決まりの光景かもしれません。学生のように、毎日同じ制服を着るわけではないので、洋服選びには日々気を遣《つか》います。

しかし、デザインの考え方を用いれば、洋服選びはずっと楽になります。

デザインには、それを構成する要素（エレメント）が数多くありますが、**洋服選びとは、ある意味、そのエレメント選びなのです**。

エレメントを選択する場合、あらかじめ用意したオズボーン式チェックリストを使うと、時間がかからず、的確にエレメントを決めることができます。

このチェックリストの特徴は、一つの項目に対して、相反《あいはん》する二つの選択肢が用意されていることです。

自分が描くイメージがそのどちらなのかを選び、一方を消去します。そして、**残っているエレメントを合わせると、自分が求めているイメージができあがっているのです**。

あとは、自分の持っている服の中から、そのイメージに合うものを選べばいいのです。

★チェックリスト法

「着る服を決める!」

季節／春夏秋冬　時間／朝・夕・夜　場所／屋外・室内

使用目的	機能性	装飾性
ねらい	個性を出す	調和を重視
明度	明るい	暗い
素材	ライト	ヘビー
イメージ	気さくな	まじめな
フォーム	上下	ワンピース
色	寒色系	暖色系
配色	統一	複数
フォルム	曲線（丸み）	直線（角ばり）

↓

自分の持っている服から
セレクトする

用語解説

オズボーン式

相反する項目を並べ、適しているものを選択していくチェックリストの方式をオズボーン式と呼んでいます。チェックリストを「応用したら？」「転用したら？」というような問いかけにすることで、アイディアの発想を行うこともできます。いずれにしても、チェックリストが的確であることが必要です。

17　シャツとネクタイの合わせ方がわからない

男性は、女性に比べるとコーディネート（組み合わせ）に苦手意識を持っています。特に、シャツとネクタイの合わせ方がまるでわからないという人は多いのではないでしょうか。

シャツとネクタイというアイテムは最小限の二種類ですので、実はまったくごまかしがききません。しかし、恐れることはありません。シャツとネクタイの組み合わせが難しいのは、配色の問題である場合がほとんどなのです。

つまり、配色の基本さえおさえておけば、コーディネートは誰でも簡単にできるのです。

もちろん、その上着である背広の色も考慮しなければなりませんが、最も重要なのは、シャツとネクタイの色の組み合わせで、特定のイメージをメッセージしていることです。

ということは、自分がどのようなイメージを人にメッセージしたいかに尽きます。

もし、都会人らしさを伝えたいなら「洗練された」というイメージ言語を選択し、そこにある色で配色します（一六〇のイメージ言語を掲載した拙著『カラーイメージチャート』参照）。

シャツとネクタイは、メッセージのためのアイテムなのです。

★カラーイメージチャート

「シャツとネクタイを選ぶ」

1 どのような自分に見せたいか

見せたいイメージをイメージ言語から選ぶ。

イメージ言語

若々しい／ダンディ
シック／洗練された

2 カラーパレットより色をセレクト

カラーパレットには複数の色がセットされている。
基本的に白、灰、黒はカラーパレットになくても自由に使用してよい。

3 カラーシミュレーション

ここに色を配して、その効果を確認する。

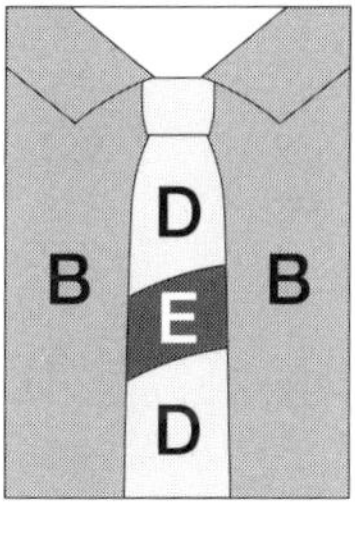

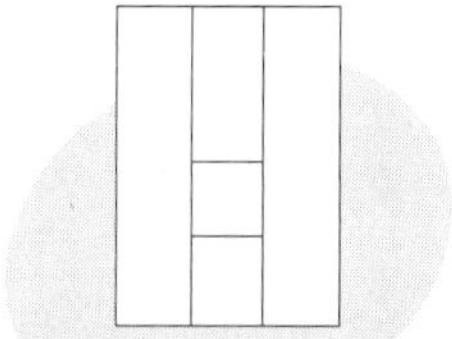

パソコンが扱える場合は、簡単なフォーマットを作りこの中に色を入れるとカラーシミュレーションが行える。色の組み合わせをチェックする。

※口絵ページにカラーサンプルと
配色サンプルがあります。

18 したい髪型と似合う髪型が違う

顔、あるいは頭部というものは、複数のデザインエレメントで構成されています。骨格、目鼻立ち、生え際のライン、髪質、ボリューム、色、肌の質感など、多くの要素が顔のデザインを作り上げています。そして、これらの組み合わせはほとんど無限に存在します。

つまり、簡単に言えば、あなたの顔のデザインは世界に一つしかないのです。**だから、雑誌などに載っている髪型が自分に似合わないのは、当然と言えば当然のことなのです。**

自分がしたい髪型は、その髪型だけを見ている場合が多いと言えます。全体を見ずにその髪型だけを見たとき、たしかにいい髪型でも、人の個性的な顔と組み合わせると、違和感を覚えることがあります。

つまり、あなたの顔にはあなただけの髪型（エレメント）が必要なのです。たとえば、三角形の顔型には、それに調和する髪型と髪のボリュームというのがあります。

人それぞれに調和するものは違うということ、これはしっかり認識しておきたいところです。そうでないと、したい髪型にこだわるばかりに、逆に顔が目立たなくなるという主客転倒《しゅかくてんとう》に陥ります。似合う髪型こそが、追求すべき髪型なのです。

★デザインプログラミング

「似合っているものを探そう」

・デザインプログラミングは、多くのサンプルを作り出すために、合理的に組み合わせる方法である。
・本来は顔型を自分のものにするとわかりやすい。

19　バッグの中身がきたない

見た目も服装もこぎれいな人に限って、バッグの中身がきたなかったりします。これはもちろん、バッグに必要以上にものを詰め込んでしまったり、雑に放り込んでしまったりしているからですが、いちばんの原因は、その持ち主がバッグの中身まで見られることはないと思っていることです。

財布の中身もそうですが、案外、そういった細部にその人の地の部分が出ます。

まずは、バッグが持つ機能を十分に認識することから始めましょう。ここでは特に、そのデメリットに注目します。

入れすぎや雑な入れ方によるデメリットは、「形が崩《くず》れる」「すぐに中のものが探せない」「入れたもの同士がぶつかり合って破損する」などありますが、いちばんのデメリットは「人からだらしないと思われる」ことです。単にきたなくてイヤだなと思うのではなく、しっかり**と個々のデメリットを認識することが、それを避けようとする意識と行動につながるのです。**

このデメリット認識法は、現在、タバコのパッケージに応用されています。吸いすぎると健康を害する可能性があることを表示しています。

★デメリット認識法

「バッグの中を整理したい」

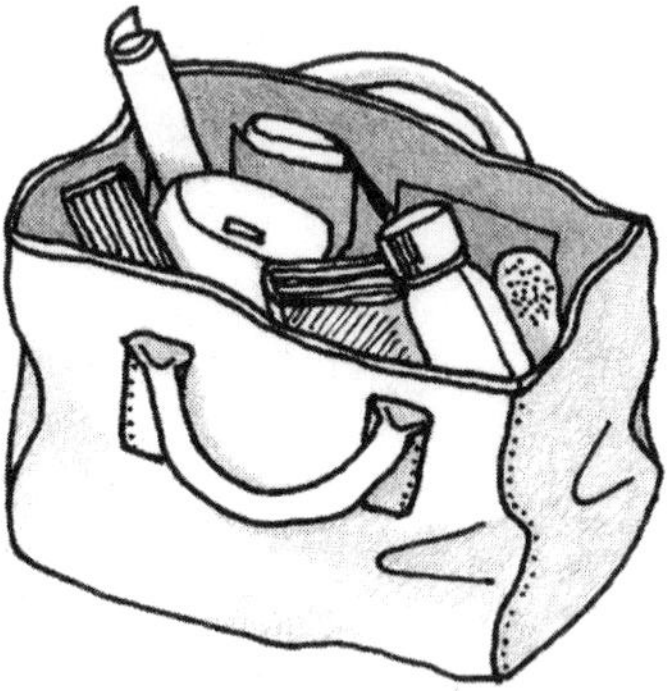

デメリット

・バッグの形が崩れる
・取り出しづらい
・落としやすい
・中のものが壊れやすい
・人から見られる
（だらしがないと思われる）

メリット

・形が崩れない
・取り出しやすい
・すっきりして気分がよい

用語解説

バッグの起源

バッグの起源は手です。手の機能を拡大するための補助材として、種々のものが考え出されてきました。ものを運ぶとき手で抱えたり、水をすくうとき手を碗状にしたりします。この形体を他の素材に置き換えて生まれたのが器や袋（バッグ）でした。獲物を捕らえるための斧（おの）や槍（やり）も手の機能を武器に発展させたものです。手が持つ機能的なすばらしさを古代人は知り尽くしていました。

20　部屋の模様替えをしたい

自分の部屋は、明日への英気《えいき》を養い、精神のバランスを安定させる場所です。しかし、部屋の機能や効能は、知っているようで、実はきちんと理解している人は少ないのも事実。部屋に関するレクチャーを受ける機会は、専門家になる人以外、ほとんどありません。

部屋のデザインで忘れてならないのは、その部屋の主人公は家具やインテリアではなく、そこの住人だということです。

つまり、住人であるあなたがどのようにその部屋で過ごすか、ということが基本になります。そこはあなたが支配する空間であり、もっとも自分らしさが出せる空間なのです。

もし模様替えをするなら、これからの季節、その部屋であなたは何をしたいか考えます。**模様替えは単なる気分転換ではありません。ちゃんと目的がある行為なのです。**

ポイントは、安らぐための「くつろぎ」と少しでも体を動かす「運動（ストレッチ）」のスペースを確保することです。また、部屋の利用の仕方は、曜日によって変化します。それを動線《どうせん》（人の動きを線で表現したもの）によって確認します。**家具などをどこに置くかは、その動線によって決めていくのです。**

★住み方のデザイン

「部屋の模様替えをしよう」

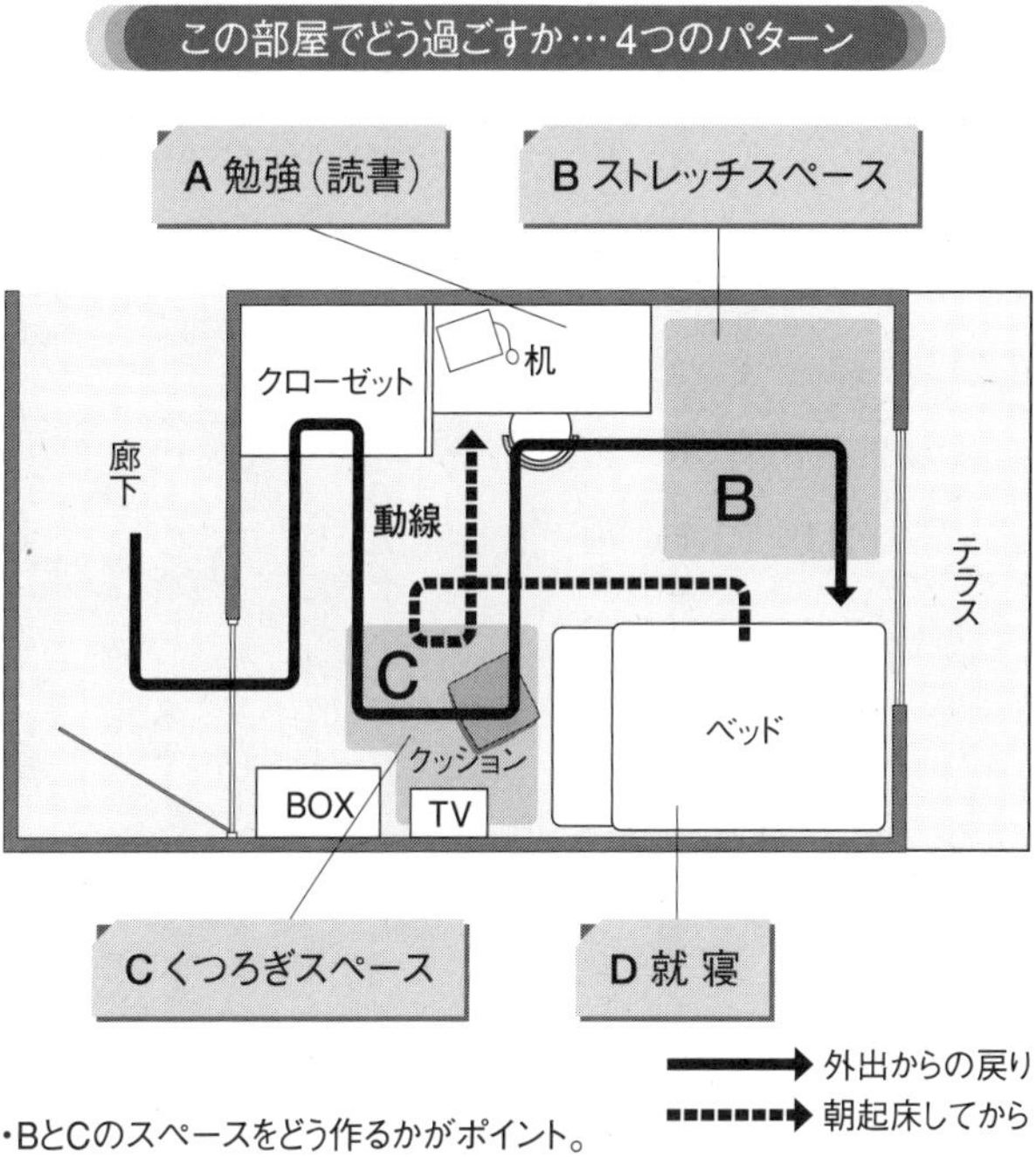

この部屋でどう過ごすか…4つのパターン
A 勉強(読書)
B ストレッチスペース
クローゼット
机
廊下
動線
B
テラス
C
クッション
ベッド
BOX
TV
C くつろぎスペース
D 就 寝
外出からの戻り
朝起床してから

・BとCのスペースをどう作るかがポイント。
・このスペースは「ゆとり」のスペースで、心に余裕をもたらす効果がある。

用語解説
室内装飾デザイン

室内空間をデザインする言葉はかなり多いと言えます。インテリアデザインが一般的ですが、リビングデザインが一般の住宅の室内とすればディスプレイデザインは店舗デザインや商業施設デザインに該当します。室内装飾と言ったときは、基本的には飾るということがメインであり、住まうことより重視されている雰囲気があります。ただし、単なる飾りではなく、心に関わってくるデコレーションを指しています。

21 かっこいいホームページを作りたい

IT（情報技術）は、現代人の新しいステータスとして定着しました。車やファッションなどと同じく、その活用度合いで、その人のポジションや流行の取り入れ方がわかります。ITといって誰もがまっさきに思い浮かべるのは、ホームページ（ブログも含む）でしょう。今や、ホームページはその人そのものと言っても過言ではありません。

そこで、見栄《みえ》も働いて、どうせならかっこいいものを作りたいという欲求が出てきます。

ただし、「かっこいい」という意味は、単に表面的なキレイさだけを指すのではありません。ページ全体のまとめ方から、中身のわかりやすさ、読みやすさ、面白さ、配色の美しさ、ページの容量（重さ）まで、**そのホームページを見る人への配慮すべてを指して「かっこいい」と言っているのです**。

見づらく、使いにくいページは、どんなにビジュアル的にキレイでもダサいページです。

これは主にレイアウトの問題です。**人の目をとらえ、視線を誘導（視覚誘導）し、中身にまで引き込んでいくのは、まさにレイアウトの役割です**。メッセージとしての中身とともに、人に強い印象と心地よさを与えられるレイアウトを目指します。

★レイアウトの基本

「見る人を引きつけるレイアウトにしたい」

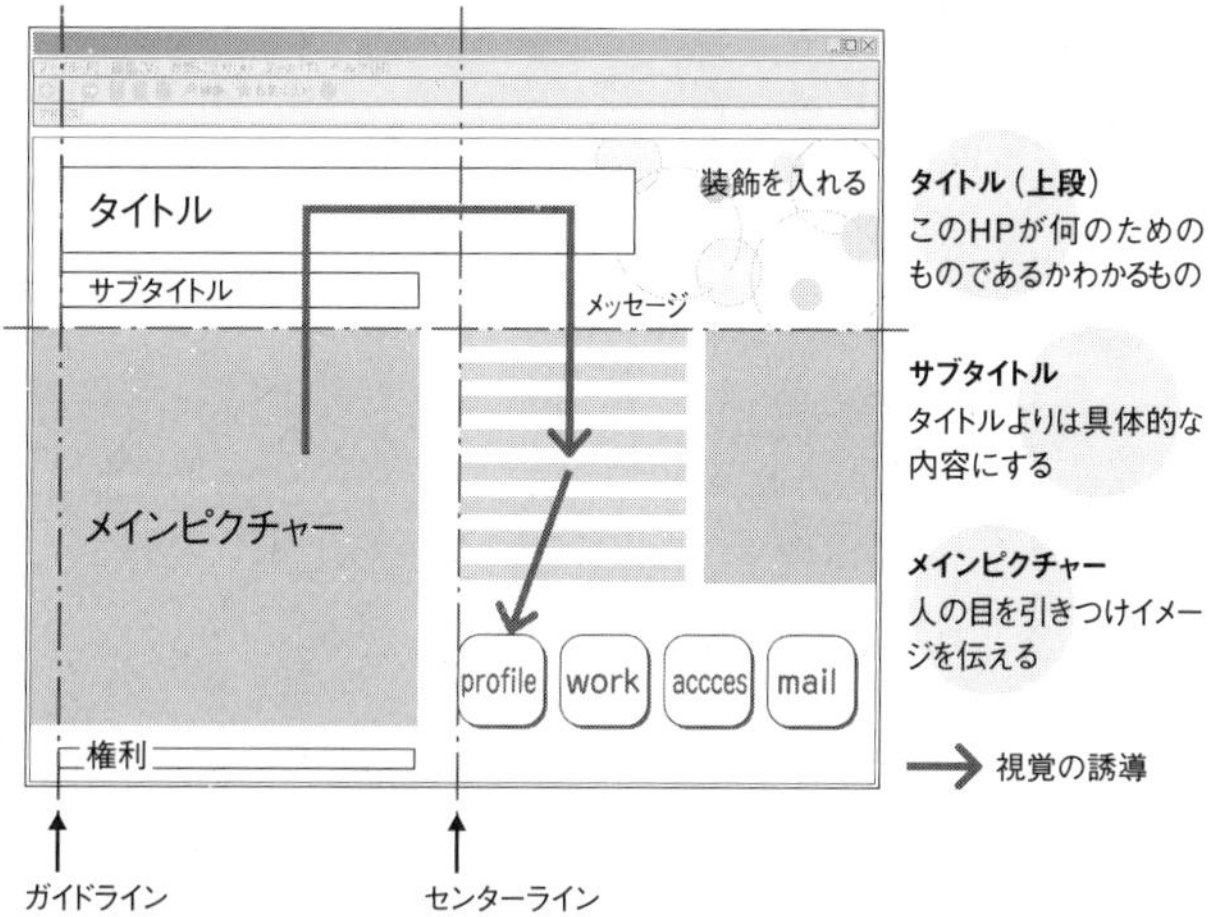

装飾を入れる
タイトル
サブタイトル
メッセージ
メインピクチャー
profile
work
accces
mail
権利
タイトル（上段）
このHPが何のためのものであるかわかるもの
サブタイトル
タイトルよりは具体的な内容にする
メインピクチャー
人の目を引きつけイメージを伝える
視覚の誘導
ガイドライン
センターライン

制作上のポイント

- ガイドラインに文章や写真を合わせると、見やすくなるばかりでなく、統一感が得られ美しく見える。
- 写真やイラストを用い、文字だけになるのを避け、印象を強くする。
- レイアウトは視覚誘導（視線の流れ）を作ることが基本になる。
- 自己満足のために作るのではなく、見る人へのサービスであることに徹底する。読みやすさ（ユーザビリティ）を重視する。

用語解説
ユーザビリティ
デザインには必ず相手の存在があります。ユーザーであるターゲットが、まず使いやすいものであること。これが前提になってデザインは制作されます。たとえばWebデザインでは、使用する文字が読みやすいかどうかが必須で、かっこよさの前に、可読性が問われます。別の言葉で言えば見る人に対する思いやりであって、デザイナーの配慮をもっとも必要とするものです。それは、形、色、素材に至るすべてに言えます。

22　写真がヘタだ

デジタルカメラの登場で、誰でも簡単に写真が撮れるようになりました。今や携帯電話にもカメラがついているので、その敷居《しきい》はさらに低くなったように思えます。

性能も驚くほどよくなりました。手振れや露出、ピントのズレを気にしなくても、そこそこさまになる写真を撮ることができます。また、デジカメなら、その場でどのように撮れたのか確認できるので撮り直しも自由ですし、デジタル処理で加工も幅広くできます。

だから、写真が苦手という人はグッと減ったように思えます。それなのに、**「写真がヘタだ」と悩んでいる人は、きっと構図の取り方がわからないのでしょう**。それは、写真の基本中の基本であり、絵と同じ審美性（美しさ＝美的効果）の問題だと言えます。

「写真がうまい」と言われるようになるためには、構図の取り方を工夫すればいいのです。**特に、空間（ホワイトスペース）の取り方を覚えると、写真のレベルが一気に上がります**。

まずは、ホワイトスペースを意識しながら、フレーム全体を瞬時に見渡す癖をつけましょう。そうすれば、同じ対象を撮るにも、構図によって写真の表情がガラリと変わることがわかってきます。

★写真の基本

「うまい写真を撮ろう!」

□テーマ設定

テーマを設定して、何を撮るか絞り込むことが基本である
（伝えたいことは何か）

□構図の作り方

中心は動きがなくなる

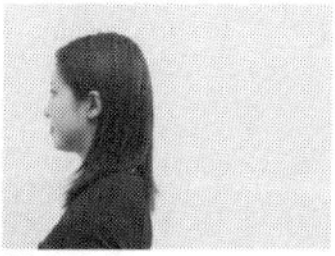
過去を見せる

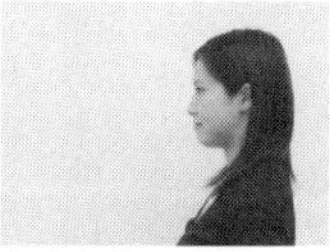
未来を感じさせる

□画面チェックポイント

背景
（ムダを省く）

モチーフ
（顔ばかり見ない）

フレームの中を見回してチェック

①モチーフがしっかり目立っているか
②背景がうるさくないか
③部分が溶け込んでいないか
④背景に不必要なものがないか
⑤モチーフはいい雰囲気か

・写真はメッセージであるということを意識する
・配色効果を考えて、フレームの中を見るようにする

用語解説
ホワイトスペース
平面的な作品には、何も描かない場所が必要です。それがあることによって、画面全体に余裕が生まれてきます。余裕のない表現は、窮屈な印象から嫌われます。その余裕を与える空間をホワイトスペースと呼んでいます。日本語の余白に近いのですが、余っているスペースではないので、まったく違うものです。画面にいかにホワイトスペース（背景を含む）を生み出すか、これは写真でも絵画でも同じことが言えます。

23　絵の見方がわからない

本当に楽しむために絵を見るのであれば、現代絵画と言われている作品や美術評論家たちをシャットアウトすることをおすすめします。なぜなら、絵が投機の対象として扱われることが多いからです。そこに本当の美があるかどうかは、別問題だと言えます。

自分の目で絵を選べるようになるために、まずはそういった考え方から距離を置く必要があります。**有名、無名を問わず、あなたの心に働きかけてくる絵が「いい絵」なのです。**

絵とはいったい何なのでしょうか？　絵がどうして生まれたのか考えれば、本質的な絵の機能を知ることができるでしょう。古代、人類は神とコミュニケーションを図るために、洞《どう》窟《くつ》に絵を描き始めました。けっして、生活空間を飾るために絵が描かれたのではないのです。あくまでも、絵は意思疎通のためのツールでした。

この機能は、人間の本能に近いと思います。絵がうまいとかヘタとか言う前に、人は誰でも何かを伝えたいがために絵を描きます。子供の絵が表現技術が拙《つたな》いのに心に響くのは、そこに込められたメッセージが強いからです。

絵の見方の基準は、あなたがそのメッセージを必要としているかどうかに尽きるのです。

★心を動かす絵

「絵を読もう」

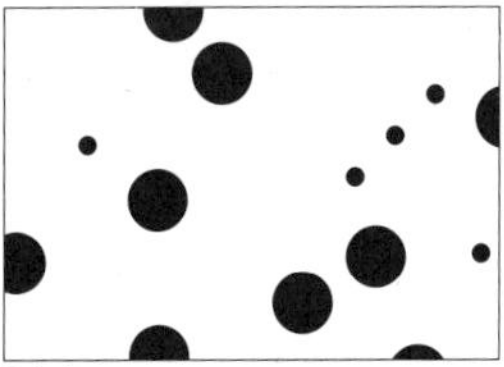

うれしい

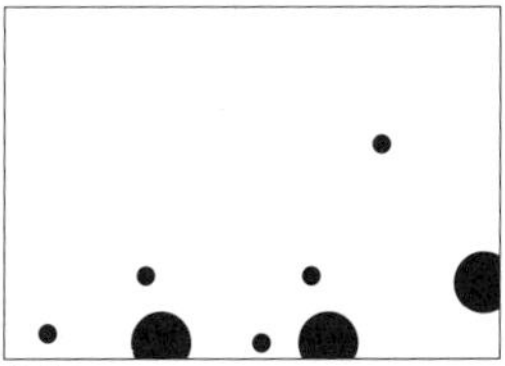

さみしい

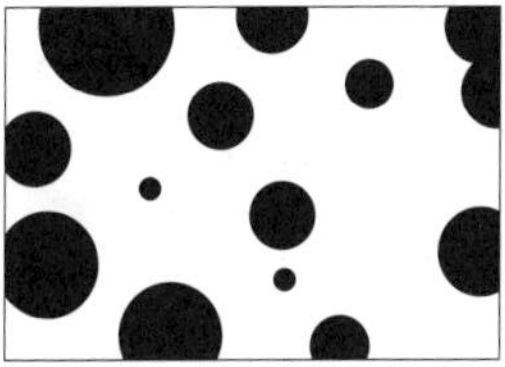

元気です

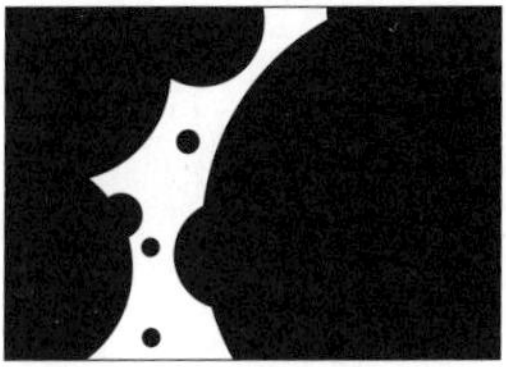

苦しい

気持ちいい

抽象絵画は心の具象と言われています。自分の感じ方でいいので、「どんな気持ちか?」と問いかけてみよう。

用語解説

デザインの美学

本来、美学は哲学のジャンルに属していますが、デザインでは、美の規範を示すものとして採用されています。デザインにおける美は、ただ美しければいいのではなく、人を動かさなければ意味がありません。それは心理的なものであり、造形心理学などが発達したことで、人に及ぼす視覚的な影響がわかってきました。それにより、視覚的な構成によって感情まで表現することができます。絵をそのように読むことも可能です。

24 色彩センスがない

色はすべてのものについています。そして、私たちはいつも色に囲まれながら生活し、その美しさに感動したり、癒《いや》されたりしています。しかし、不思議なことに、いざ自分が色を選んだり、使うとなると、とたんにどうしていいのかわからなくなります。**不安の原因は、ふつうの人は色彩の原理など考えたこともないからです。**

色は単独で使われることがほとんどありません。必ず、複数の色と組み合わせて使われます。そういった意味では、色は言語と一緒です。組み合わせることで、漠然としたイメージを伝えようとします。色は言葉だと言ってもいいでしょう。使い方（文法）があり、それに基づけば、見る人は意味を受け取ります。

私たちはふだん、周囲の色からたくさんのメッセージを受け取っているのです。

不思議なのは、文法を知らなくても、きちんと意味を受け取っていることです。これは会話も一緒です。相手の話を聞くときに文法を意識するようなことはありませんよね。

だから、**デザイナーにならないのであれば、色彩の文法など詳しく知らなくてもいいのです。本などを参考にしながら自由に、思ったように配色すればいいのです。**

★色は言葉

「色でおしゃべりしよう!」

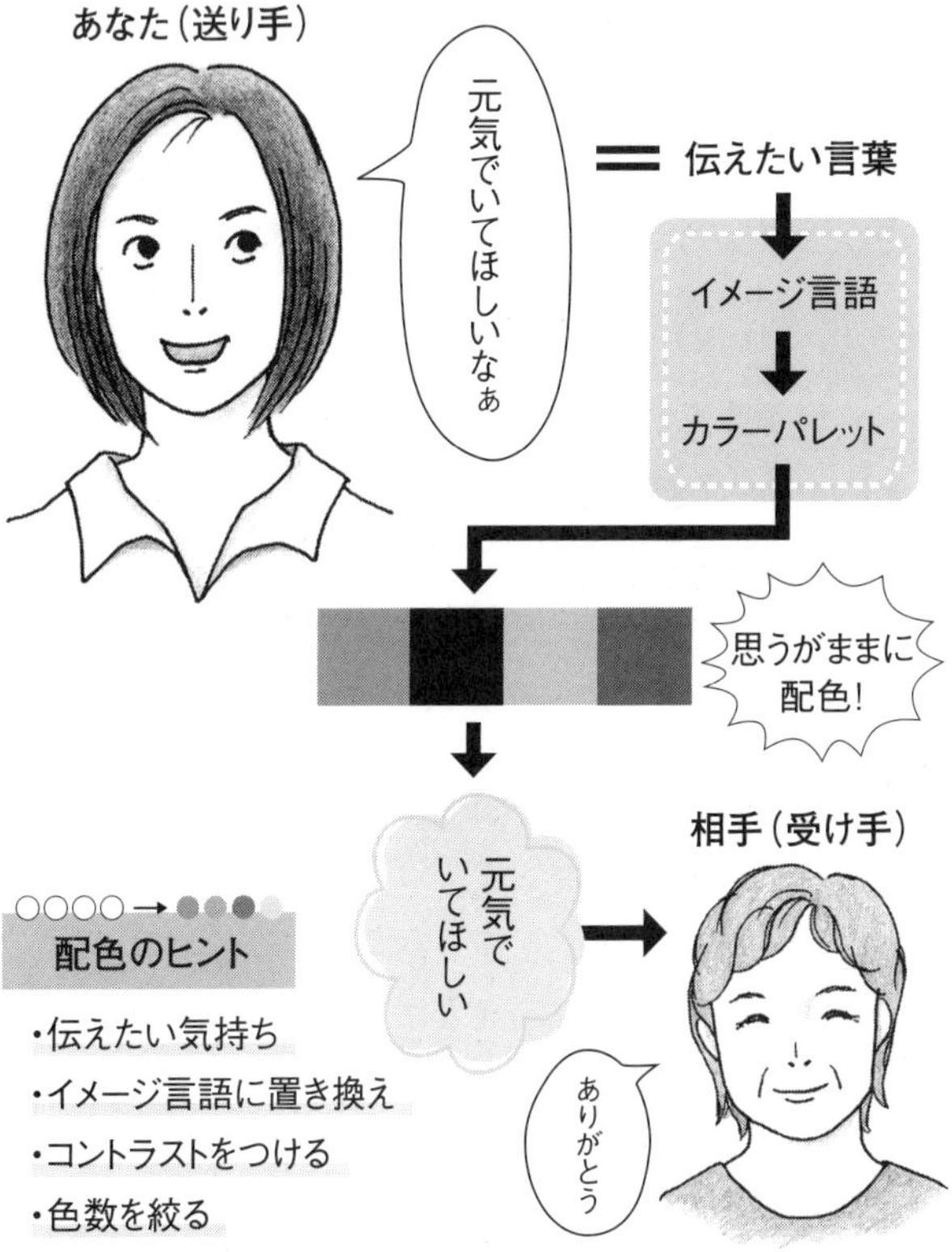
あなた（送り手）
元気でいてほしいなぁ
＝ 伝えたい言葉
イメージ言語
カラーパレット
思うがままに配色!
元気でいてほしい
相手（受け手）
ありがとう

○○○○→●●●●

配色のヒント

- 伝えたい気持ち
- イメージ言語に置き換え
- コントラストをつける
- 色数を絞る
- 無彩色の使用
- アクセントカラー
- 色はメッセージのためのツールである
- 手紙と同じように気軽に配色して、相手に送ろう

※カラーサンプル、配色サンプルに関しては口絵も参照してください。

25　あの人の心をとらえる服の色が知りたい

色の力で人の心をとらえることは可能です。かつては、人の心に及ぼす影響を色彩心理と言っていました。たとえば、赤は情熱を感じさせるとか、青はクールな感じを与えるといったものです。しかし、これは人に聞いた感想をもとにまとめられたものであり、あくまでも統計による推測が中心です。赤を見て寒さを感じる人も当然いるのです。

現代では、色と脳、脳と生理の研究が行われており、色彩心理の時代から色彩生理の時代へと移ってきました。**ここで注意したいのは、人の心をとらえるための、ある特定の色があるわけではないということです**。もし、そんな色があるとすれば、それを着て歩いただけで、多くの人がうしろについてきてしまいます。

要は、その相手にだけ通じればいいわけです。ということは、**相手が何色に反応するかなのです**。もちろん、それを知るためには相手を色彩分析にかけなければなりませんが、そんなことは、何も知らない相手には不可能でしょう。

ただ、確定はできないかもしれませんが、いろいろな条件を見ていくことで、ある程度、反応する色を絞り込むことは可能です。

★色の誘引性

「色で人の気持ちを引きつける」

人が反応する配色の決め方

・色を好む原因

年齢	年齢によって嗜好色は違う
性別	男女によって色の好みは違う
生きた時代	生きてきた時代の影響を受けている
流行	色の流行に少なからず反応する
時季	季節によって求める色は変わる
気分	人は気分によって好きな色が変わる
環境	住んでいる環境による嗜好の変化

・人を引きつける色（配色）は、それぞれの条件によって探ることができる。ただし、気分による好みの色の変化があるので、確定するのは難しい。

※色彩生理学と配色に関しては口絵も参照してください

用語解説

色彩生理学

色彩による心理への影響の研究はフロイトによる精神分析学から発達しました。しかし、現代では、そのすべてが受け入れられているわけではありません。そのほとんどが、根拠がないものとして信頼性を失っています。心理が生理によって支配されていることが徐々に明らかになった今、色による脳への刺激の問題として研究されています。研究により、人が欲する色と生理の関係などがわかってきています。それを色彩生理学と言います。

遊ぶ

26　遊び相手がつかまらない　　ターゲットの囲い込み

ようやく時間が取れたとき、「家にいるのがもったいない。せっかくだから人を誘って遊びに行こう！」と思うのはよくあること。ところが、そういうときに限って、なかなか相手がつかまらないものです。

どうしてかといえば、前日や当日にいきなり誘いの電話やメールを入れても、相手はすでに他のスケジュールを入れてしまっているからです。「突然言われても……」といった反応があるだけでしょう。**相手の予定を覆《くつがえ》すには、あなた自身の魅力か、話題のスポットのチケットを持っているなどといった魅力のどちらかが必要になります**。

もちろん、そんな魅力をすぐに手に入れることは容易ではありません。

そこで、環境を新規に作ります。自分がもしかするとその日、時間が取れるかもしれないということを、あらかじめアピールしておくのです。また、いつかその人と遊びに行きたいということも伝えておきます。

これを、ターゲットの囲い込みと言います。事前の囲い込みを行っておけば、急に声をかけても唐突感がなく、相手もＯＫを出しやすくなります。

★ターゲットの囲い込み

「タイミングを生かせ」

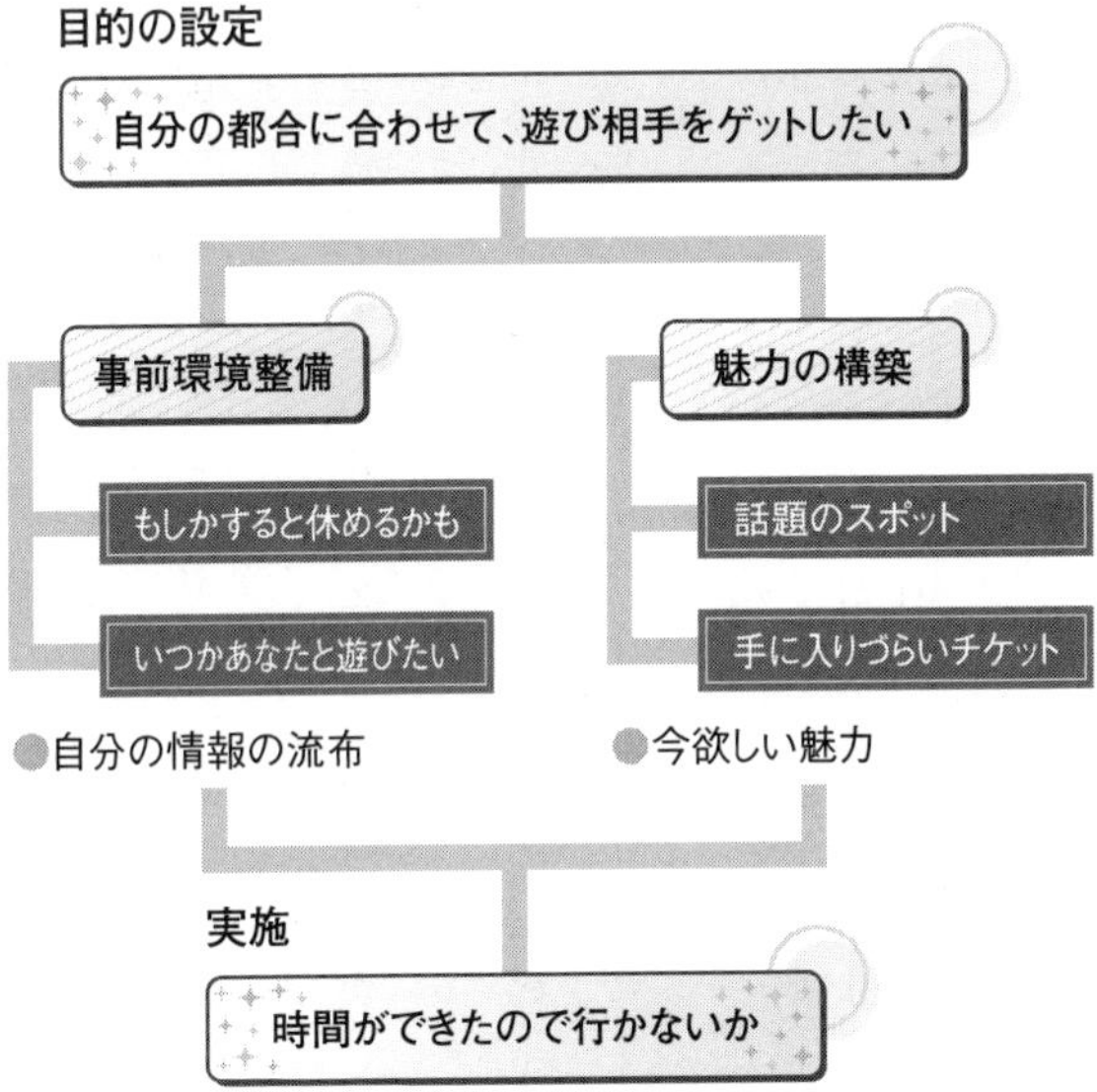
目的の設定
自分の都合に合わせて、遊び相手をゲットしたい
事前環境整備
魅力の構築
もしかすると休めるかも
いつかあなたと遊びたい
話題のスポット
手に入りづらいチケット
●自分の情報の流布
●今欲しい魅力
実施
時間ができたので行かないか

- 自分の情報はさりげなく、事前に何回か流布する
- 「今」というときの旬な魅力を探しておく
- 事前の情報があると、時間ができたのでという言葉は突然ではなく、受け入れやすい

用語解説

予告広告

予告広告とは、まだ完成していないものを、あらかじめ情報として流す広告手法です。マンションなどの広告はほぼこれに該当します。あらかじめ情報を与えておくことで、現実にその商品がお店に並んだときに、「ああ、あれだ」と購入してもらいやすくします。この手法には、前もって、受け入れてもらうための環境を整備しておく必要があります。何事も、突然では、なかなか効果が発揮されません。

27　遊びがつまらなくなってきた

マンネリ改善策

新しい遊びに出合うと、かなり燃えます。病《や》みつきになります。そして、こだわるようになり、「極めたい！」という願望が出てきます。

ところが、やがてそれほどレベルアップしなくなり、壁にぶつかります。その遊びをつまらなく感じ始めます。それが、遊びのマンネリです。

しかし、マンネリはけっして困ったことではありません。**次のステップ、次のレベルに進むために必ず通らないといけない、いわば関門なのです。**

マンネリを迎えたときは、さらに上を目指す、しばらく休む、他の遊びに移る、といった三つのパターンが考えられます。

さらに上を目指すのは徐々にプロ的なものになり、過酷《かこく》な練習が必要となります。遊びではなくなっていきがちですが、**肝心なのは、極めようとはしない心構えです。**

しばらくのリタイアは、遊びとしては適したペースと言えます。しょせんは遊びなのですから、マンネリと感じたら休むことです。遊びは極めるものではなく、遊ぶものなのです。

そして、もっと楽しい人生を送りたければ、さっさと次の遊びを見つけることです。

★マンネリ改善策

「遊びをリフレッシュ!」

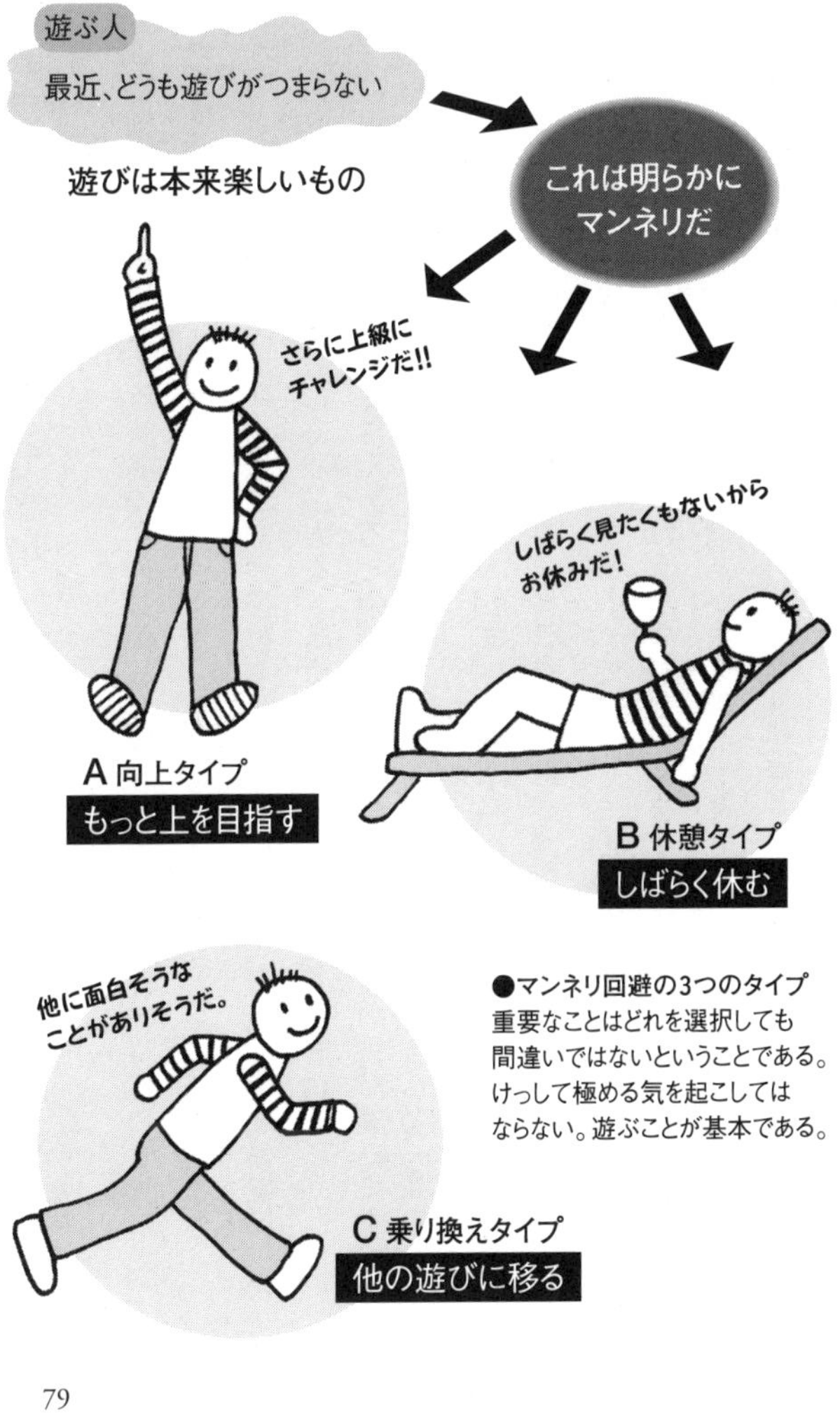
遊ぶ人
最近、どうも遊びがつまらない
遊びは本来楽しいもの
これは明らかに
マンネリだ
さらに上級に
チャレンジだ!!
A 向上タイプ
もっと上を目指す
しばらく見たくもないから
お休みだ!
B 休憩タイプ
しばらく休む
他に面白そうな
ことがありそうだ。
C 乗り換えタイプ
他の遊びに移る

●マンネリ回避の3つのタイプ
重要なことはどれを選択しても
間違いではないということである。
けっして極める気を起こしては
ならない。遊ぶことが基本である。

28　ダラダラできなくなってきた

若者の特権は、自由に使える時間です。しかし、残念ながら、若者の時代にそれに気づく人はほとんどいません。「時間が自由に使える」ことを意識する機会がないからです。

皮肉なことに、自由な時間が少なくなってはじめて、そのことに気がつきます。時間の貴重さと、ありあまる暇が若者にあることを、苦労して人生を歩んだ年配者はよく知っているのです。高齢者もまた暇がたくさんあると指摘する人もいますが、暇の質が違います。**高齢者の暇は体が自由に動かない暇なのです**。

この差は、飲みに行ったときにはっきり出ます。若者は、コンパが終わっても飲み屋の前でなかなか次の行動を取ろうとしません。ダラダラとだべったりしています。サラリーマンは次の日があるので、サッと解散し、家路につきます。もちろん、若者でもキビキビ動く人はいますが、全体的にダラダラ過ごすほうが多いと言えます。

ダラダラと遊べなくなったのは、あなたが大人になった証拠です。それは、自分の時間の縮小を意味しています。かといって、なにも窮屈《きゅうくつ》に感じることはありません。**バーチャルなダラダラ時間を持つことで、心に余裕を生むことができるのです**。

★余裕を生むデザイン

「たまにはダラダラしよう」

ダラダラの効能

- 体のリフレッシュ
- 柔軟性の維持
- 心の余裕

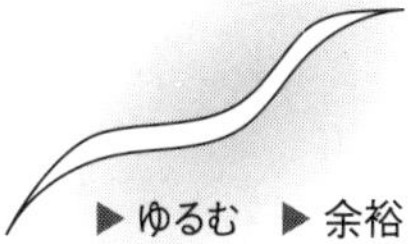

ダラダラできない理由

- 時間がない
- 仕事が詰まっている
- 周囲を見回さなくなった

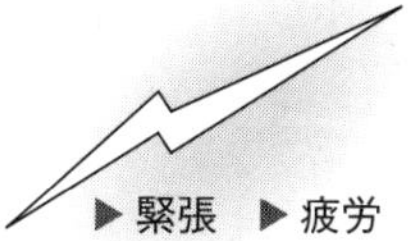

ダラダラの推進

- 休みの日は徹底してゴロゴロする
- あてもなく、ぶらぶら歩く
- サイズの大きなダボダボの服を着る
- ゆっくりしゃべる1日を作る
- 1つのことをいつもの倍近くかけてやってみる

- デザインは優等生的な解答を出すだけではなく、その逆を提案することもある
- 「スローライフ」の提案もその一例である

用語解説

スローライフ計画

北イタリアの小さな村に生まれたスローフード運動がもとになっています。すぐ食べられるファストフードに対し、その土地の材料を使った料理で、家族や友人と話しながらゆっくり食事をすることがスローフードです。現代は「大量生産・大量消費・大量廃棄の時代」と言われ、その裏側に高速な時間の流れがあります。スローライフは、そんな効率優先の毎日から人間らしい速度を取り戻すためのものです。

29　ミーハーになれない

ミーハーは一九五五年頃の流行語で、「みいちゃん、はあちゃん」からきています。当時、日本では若い女性の名前に「みよこ」と「はなこ」が多かったので、軽薄な若者風俗全体を指すものとしてこの言葉が使われました。そして、いつからかミーハーは、若者に限らず、「大衆的であること」の蔑称《べっしょう》として用いられるようになったのです。

しかし、現在では、ミーハーの侮蔑《ぶべつ》の意味はだいぶ薄れています。なかには、**ミーハーであることはエンタテインメント（娯楽、大衆性）を理解できているという意味から、自ら積極的にミーハーを名乗る人もいます。**

そうはいっても、ミーハーになることに消極的な人は依然《いぜん》として多いでしょう。大ヒットした映画や音楽を大衆的だと言ってバカにし、自分だけの世界にこもろうとします。

ミーハーになんかなれないという人は、**自分にはエンタテインメントの本質を理解しようとする柔軟さが足りないことをまず認識してください。**

ミーハーにはこだわりがありません。あるものが流行《はや》ればそちらに行き、廃《すた》れれば別のものに乗り換える。変なこだわりを持たないことは、人生を幅広く生きるための方法なのです。

★エンタテインメントの本質

「ミーハーのススメ!」

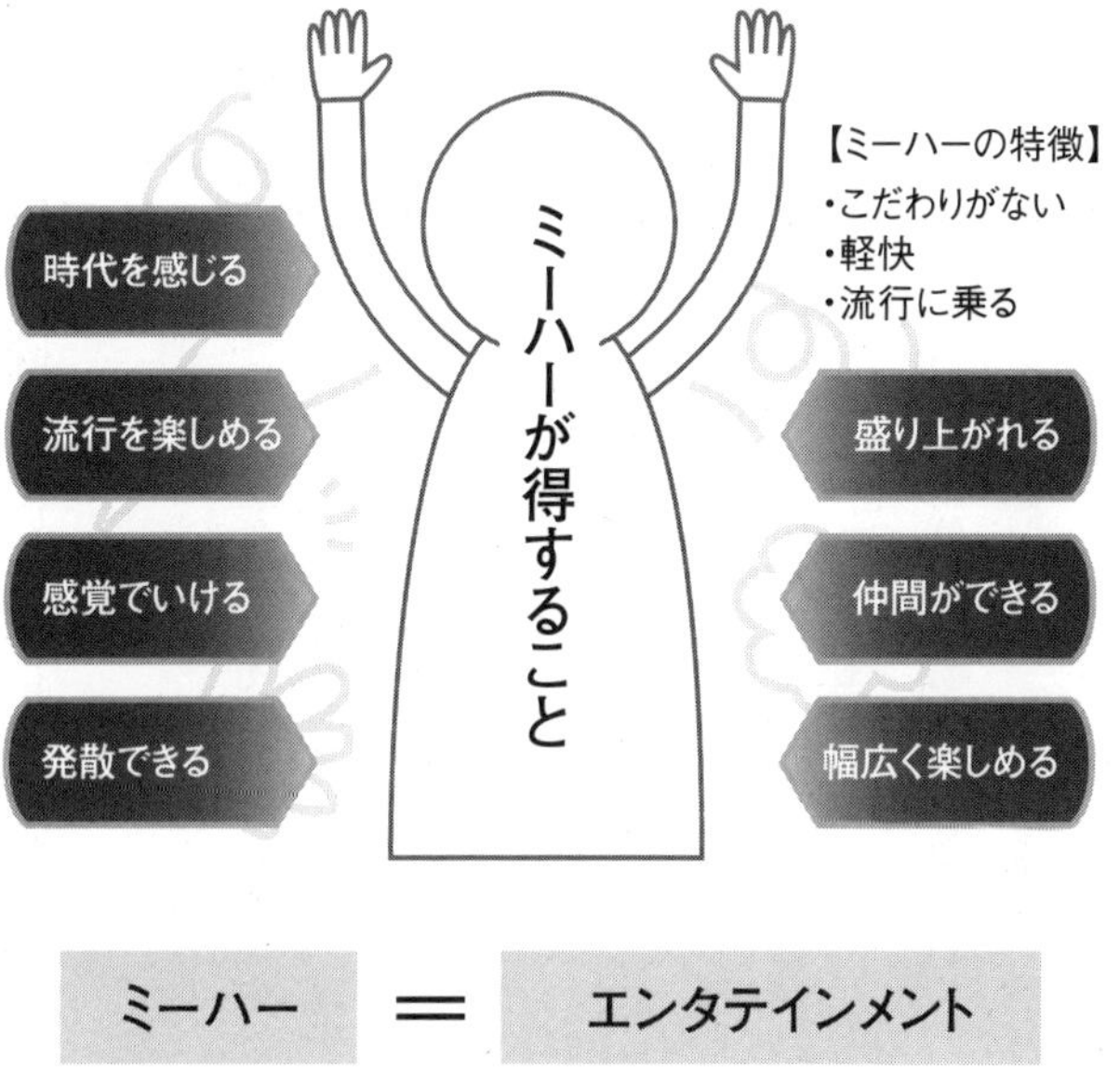
ミーハーが得すること
【ミーハーの特徴】
・こだわりがない
・軽快
・流行に乗る
時代を感じる
流行を楽しめる
感覚でいける
発散できる
盛り上がれる
仲間ができる
幅広く楽しめる
ミーハー ＝ エンタテインメント

・ミーハーであることによって、時代が持つ楽しさやリズムを味わうことができる。
多くの場合、デザインはエンタテインメントを求める。
より多くの人に共感してほしいからである。

用語解説

エンタテインメント

娯楽や芸能、小説など、大衆性のあるものを指しています。デザインはもともと大衆性が不可欠です。多くの人の共感や支持があってはじめて成立します。デザインがターゲットとしているのは、不特定多数の人です。その人たちの心をとらえるには、自らがミーハーであるか、ミーハーを理解することが求められます。ターゲットを楽しませ、幸せにすることが究極のエンタテインメントであり、デザインと言えます。

30 ぜんぜん興味のない映画に誘われた

人の好みはいつの間にかできあがっていきます。

音楽や映画といった趣味だけでなく、人の好みや生活習慣まで、人は自分の中にある「好き嫌い」のフィルターを通して、情報を選《よ》り分け、興味のないものを切り捨てていきます。たとえ人からすすめられても、食指を動かすことはまれになります。

情報が溢《あふ》れている時代、子供のように何にでも興味を持ってしまうとキリがないのはたしかです。ある意味で、好みで選り分けるのは仕方ないと言えます。ただ、ぜんぶがぜんぶ、「興味がないから」と言って切り捨てていては、自分の世界は一向に広がっていきません。

ここで大切なのは、自分の興味がないものに対してどうやって興味を持つかです。

ある日、あなたはつき合い始めた恋人から映画に誘われました。ところが、その映画にはぜんぜん興味がない！　そこで、**「興味ない」という台詞《せりふ》を禁句にしてみましょう**。どんなものにも、探せば面白みや新鮮さがあるはずだからです。

そうです、興味がないと感じたら、逆に「新しい興味を持つチャンスだ」と思う癖をつけるのです。それは、あなたの知らなかった世界に入る扉なのです。

★興味を持つための方法

「つまらない映画に対応しよう!」

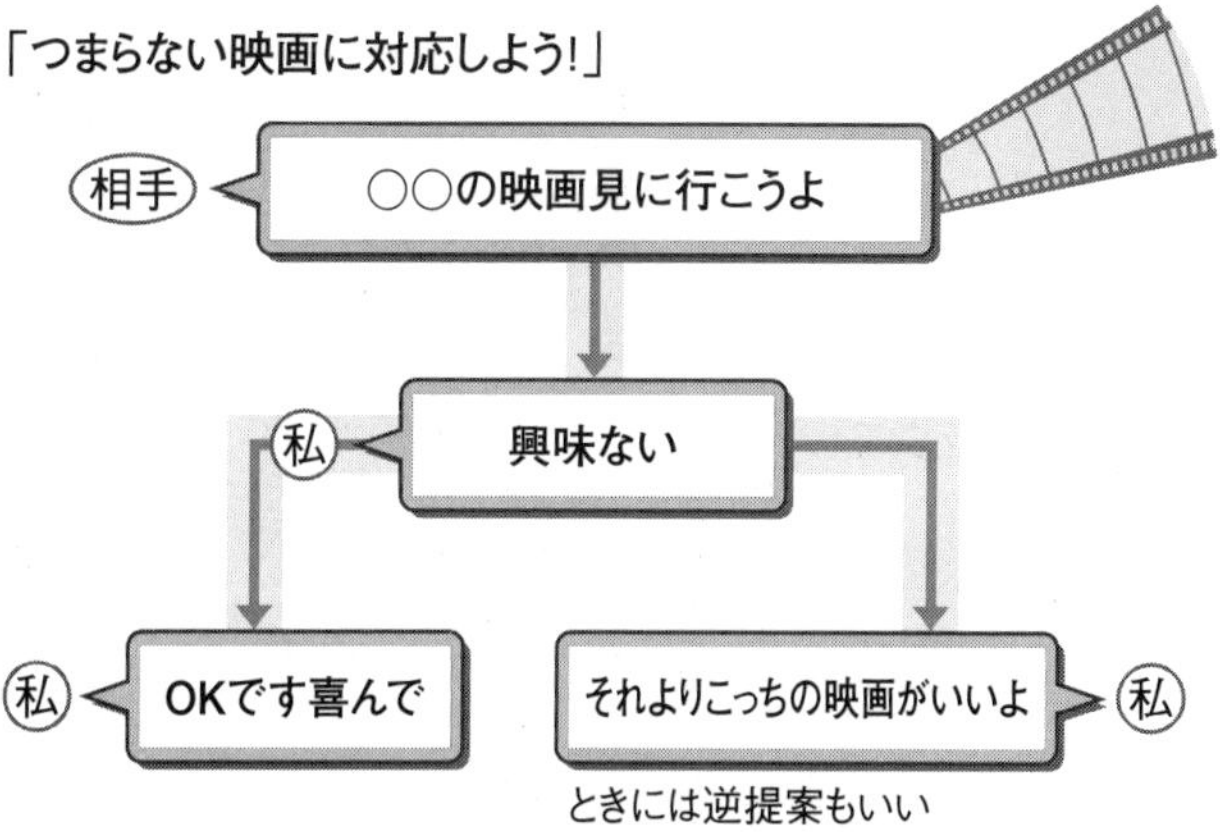
相手
○○の映画見に行こうよ
興味ない
私
私
OKです喜んで
それよりこっちの映画がいいよ
私
ときには逆提案もいい

興味のない映画の楽しみ方

1.アングルなど撮影技術に注目する

2.主役の癖を10以上探す

3.目をつむり、音楽や音響に集中する

4.もし、この主役が私だったらと妄想する

5.ストーリーの先を読む

6.そこがどこだかロケーションを考える

7.相手がすすめる理由を探る

8.この映画は結局何を言いたかったのだろう

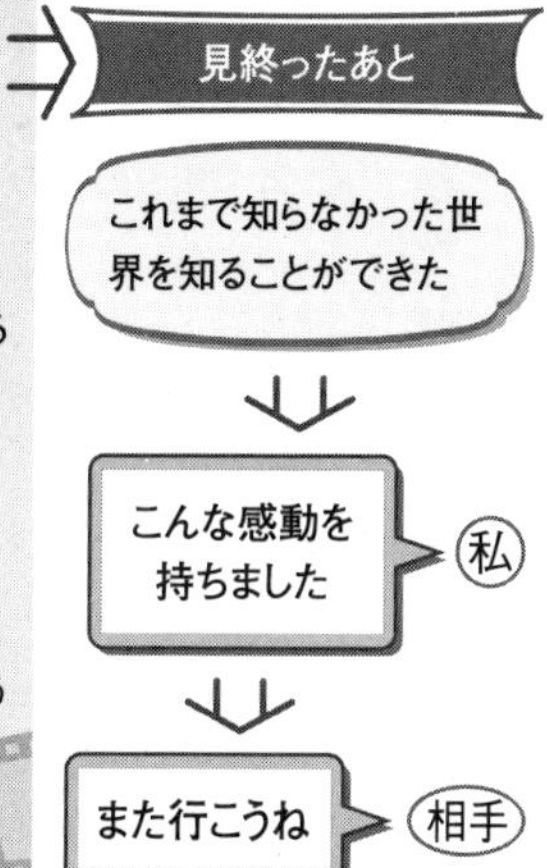
見終ったあと
これまで知らなかった世界を知ることができた
こんな感動を持ちました
私
また行こうね
相手

31　もう、飲むしかない　イベントデザイン

会社でいろいろとイヤなことがあると、一気にテンションが下がります。仕事が終わると同時に、誰か気の合う人を誘って、「もう、飲むしかない!」と近くの飲み屋に直行です。ビールを飲みながら、「自分は悪くない!」「こんな職場辞めてやる!」などと大声でくだを巻くことになりますが、言っている内容はさほど問題ではありません。溜まった鬱憤《うっぷん》を口にして外に出すことが、ストレス発散につながるのです。

江戸時代の抑圧された庶民たちの発散の場はお祭りでした。日頃の鬱憤をそこで爆発させるという、うまいストレス解消システムが作られていたのです。

これを真似しない手はありません。惰性《だせい》で飲みに行くのではなく、ここでは、デザインの力を使って自分のお祭り(イベント)を企画してみましょう。

その名も「上司のバカ!祭り」。イヤな上司の名前を書いたうちわを片手に、お酒を飲みながらドンチャン騒ぎです。

どんな祭りにするか計画するだけで、イヤなことから意識が離れ、ストレス解消になります。

★イベントデザイン

「ストレスは酒に溶かそう」

ストレスが溜まったときの酒の飲み方

もうミスばかり
・上司にはしかられる
・同僚からは文句を言われる
・得意先からはクレームが入る
気を抜く
肩の力を抜く
親しい人を誘って2人で飲む
中心的存在
責任ある位置にいる
飲み会の幹事を担当する
計画する
意識を別のものに
祭りのプログラムを実施
●ネーミング（祭りの名前）／○○祭
●祭りの神事（御神体）／拝むものを決める
●小道具（祭りのうちわ）／2本用意しておく
●あとは酒を飲んで祭りを祝う
祭
ストレスは発散

・職場で蓄積したストレスの発散の方法は多数ある。
基本は過去を引きずらないことである。

用語解説

イベント企画

イベントは、特定の目的のために人を集めて行われる催事のことです。その基本は楽しさの演出です。楽しくなければ人は集まりません。行き当たりばったりの企画では、希望する結果を得るのは難しいでしょう。入念な準備があってはじめて、ねらいとした効果が得られます。特別セール、見本市、運動会、展示会など種類は多いです。目的、イベントの名前、プログラム、メインイベント、サービスなどを企画します。

32 ギャンブルがやめられない

麻雀、競馬にパチンコ、スロット……。

ギャンブルはなかなかやめられません。ギャンブルには中毒的なものがあり、やめるとなるとかなりの決意が必要になります。

ただ、どれも遊びとして楽しむ分には悪くありません。ほどほどなら健全な娯楽であり、ストレス発散の手段になります。問題は、度が過ぎると、他のことを忘れて没頭《ぼっとう》してしまうことです。その結果、大切な家族や財産を失うことになります。いずれも、お金が関わってくるからです。

ギャンブルから足を洗うためには、並大抵のデザインでは解決できません。一人の力でやめることは困難ということもあり、多くの人に協力してもらいながら「ギャンブル防止キャンペーン」を展開します。

キャンペーンとは期間を決めた活動のことで、それを実施するために、役割分担のあるプロジェクト（組織）を結成します。こう書くとオーバーに聞こえますが、友人や母親、兄弟が参加するようなものでいいのです。本格的に取り組むことが最大の効果に結びつきます。

★キャンペーンプロジェクト

「ギャンブルから足を洗う」

ギャンブル防止キャンペーン

目的	自分のギャンブルをやめる
キャッチフレーズ	「ギャンブルに翼をつけて」
プロジェクト	・リーダー＝友人 ・サブ＝母親 ・スタッフ＝兄弟、恋人、友人
内容	・期間　1カ月 ① ギャンブルさよなら宣言を作る ② メールで多くの人々にギャンブルから足を洗ったことを知らせる ③ ホームページ（ブログ）を作成して、毎日、ギャンブルから離れた思いをつづる ④ ギャンブルのない、5カ年計画を発表する ⑤ ギャンブルをやめた記念のキャラクター「ギャン・ブルドッグ」のカンバッジを配る

・キャンペーンによって、1人でやっているのではなく皆でチームとしてやっているという認識を持つことが大切である。

用語解説

キャンペーン企画

キャンペーンは、ある特定の期間中に行われるデザイン活動のこと。認知度を高める、認識を深める、決定事項を徹底させるなどといったときに行われます。ポスターやチラシを制作して宣伝し、キャンペーンガールなどを利用することもあります。タイミングが非常に重要で、どの時期にどれだけの期間やるかがポイントになります。標語（スローガン）やマーク、キャラクター、マスコットなどで盛り上げることもあります。

33　土日が暇

かつての日本では、土曜日は半ドン（午後が休み）でした。半ドンのところはまだマシで、丸一日働くところも多かったのではないでしょうか。

それで、きちんと休めるのは日曜日だけ。疲れを取るのに一日を使う人が多く、家族連れで行楽に出かけても、明日に備えて早く戻るのが基本になっていました。

土曜日も一日休みになったときから、それまでのパターンが崩れ、**時間の使い方、休日の過ごし方にその人なりのアイディアが求められるようになります**。

もちろん、二日間どこへも行かないという手もあるでしょう。どこへも行かないというのは、ある意味、「家で過ごす」というプログラムであり、積極性が感じられます。

ところが、漠然と「何もすることがない」という人は、休日をどのように過ごしていいかわからないのです。まさに土日連休の被害者と言えます。そういった人は、**何もすることがないのではなく、実は、することを考えていないだけなのです**。

デザインを使って、可能な限りの「土日を楽しむためのイベント」を考えてみましょう。面白くなるように考えていけば、実際に面白くなるのです。

★楽しみのデザイン

「今度の土日はやることいっぱい」

土日の使い方・イベント一覧表

※自分に合わせた具体的な表にまとめる

イベント＼場所	家	屋外
音楽	CD／テレビ	コンサート
絵画	イラスト／塗り絵	写生／スケッチ
スポーツ	ストレッチ／筋トレ	ジム／ビリヤード
酒飲み	友人を呼ぶ	居酒屋
ゲーム	テレビゲーム	ゲームセンター
家事	洗濯／料理／掃除	庭掃除／ガーデニング
買い物	ネットショップ／本	服／バッグ
映画	ホームシアター	映画館
料理	創作ラーメン	ラーメン屋めぐり

☆表にまとめることによってイメージしやすくなる。この表では原則的に1人のプランであるが、友人に声をかけてもよい。

☆この一覧より項目を選び、土日のプログラムを編成する。

用語解説
プログラム編成

プログラムは時間のデザインです。一つのイベントを組むとき、まず考慮するのは、時間の長さ。どれだけ時間があり、始まりから終わりまでをどのように組んでいくか、それをコントロールするのがプログラム編成です。時間に関するデザインは映像、アニメ、漫画、音楽、各種イベントなどがあり、時間に対する感性が求められます。時間だけの進行表はタイムテーブルと言い、時間の流れをビジュアルで表現します。

34　遊び心を忘れてしまった

人は、成長するにしたがって実務的になり、できるだけ無駄のない合理的な生き方をしようとします。別の言葉で言えば、それが大人になるということです。

最短距離を行くため、ときどきルールを無視する人も出てきます。朝の改札で、猛烈《もうれつ》に先を急ぎ、列を乱し、脇《わき》から入り込む――そんな姿が嫌でも目に入ってきます。そこに、現代社会の縮図を見る思いがします。たかが数秒をかせぐため、鬼のような形相《ぎょうそう》で電車に飛び乗る、それが現代なのです。いま流行りの「スローライフ」に目が行くのは自然なことでしょう。

先を急ぐために失ったのは心の余裕です。

余裕を失うと周囲が目に入ってきません。情報が目の前の新聞だけという狭い視野の人もいます。また、日常的な情報の受け取り方にも変化が現れてきます。**人の話を聞かない。自分の意見がもっとも正しいと思う。それでは、成果に結びつかない情報の流れしか生みません。**

心の余裕、それは遊び心に結びついています。遊び心が余裕を生み、柔軟性を養い、生きた情報をキャッチします。デザインで遊び心を育ててみてはいかがでしょうか。

★遊びをデザイン

「遊びを作ってみよう!!」

身の回りのものでゲームを作る
人はものがあれば遊べる

1	ゲームのメインツール	例.サイコロ、空き缶、ジャンケン
2	ルール（遊び方）	始まり、進行、ハズレ、ラッキーチャンス、アタリ
3	ターゲット（人数）	人数による遊び方
4	勝ちと負け	勝敗のつけ方
5	達成感（勝利の味）	勝ったときのメリット

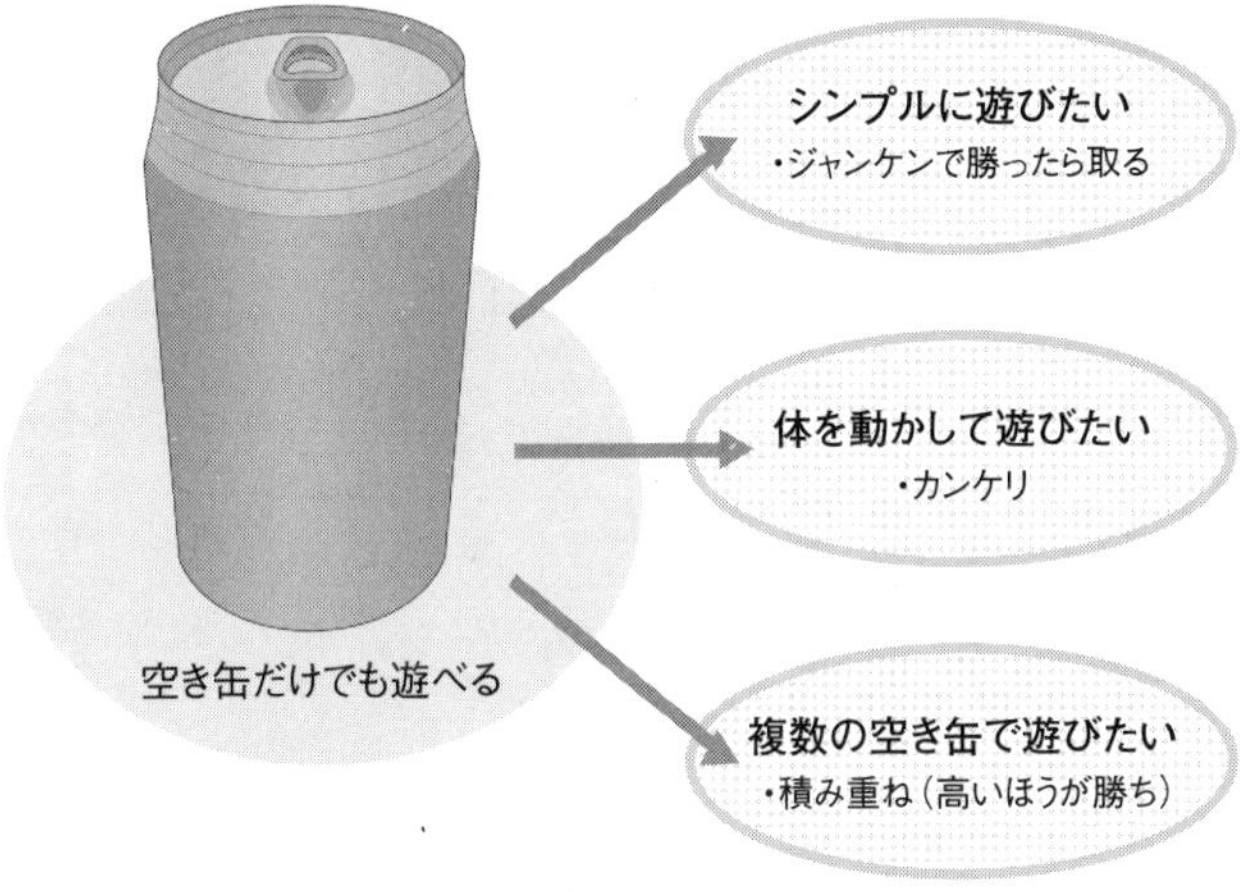
空き缶だけでも遊べる
シンプルに遊びたい
・ジャンケンで勝ったら取る
体を動かして遊びたい
・カンケリ
複数の空き缶で遊びたい
・積み重ね（高いほうが勝ち）

・素朴なものからでも楽しさを見出すことが遊び心を育てる

35 とにかく目立ちたい

日本には古くから目立たないことをよしとする風潮があります。

特に、江戸時代の幕藩体制では、目立てば藩自体が取り潰されかねない状況であり、謙譲《けんじょう》の美徳は人に譲《ゆず》ることをすすめ、自分が自分がと前に出ることを戒《いまし》めていました。

しかし、時代が変わり、自分から情報をどんどん発信する時代になりました。

自分自身の手で自分を他人にプレゼンする。それは、自分の存在を確かめることであり、自分を把握するためにも必要なことです。**「目立ちたい」という気持ちは、これからの時代、もっとも大切なものとなるでしょう。**

人はそれぞれ固有の輝きを持っています。その輝きを磨くこと、それが目立つことにつながります。磨き方はさまざまですが、注意したいのは、デザインでは人の反応があってはじめて効果があったと言えるということです。**目立つからといって、奇抜《きばつ》なことをすればいいというわけではないのです。**

誰にでもできる簡単なことは、あいさつです。そうした日常的なプログラムの組み立てが、あなたを目立つ人へと変身させます。

★自己プレゼンの方法

「生活の中で輝いて」

目立つためのプログラム
ポイントは〈いいこと〉で目立つ

日常的	あいさつをする 	大きい声で笑顔で あいさつする。 あいさつと笑顔は好かれる。
積極性	常に前に出る 	会議などで前に出る人は 積極性がある。 積極性は目立つための原点。
配　色	明るい色 	暖色系で明るい色は進出色で ある。人に温かさを感じさせる。 明るい色は暗い所でも目立つ。
歩き方	大股でさっそうと 	背筋を伸ばして歩く。大股で さっそうと歩くとカッコイイ。 大きく見えることは目立つ。
誠　意	どんなときも一生懸命 	仕事に対しては人が見て いなくても一生懸命にやる。 誠意は人を動かす。

作る

36　料理のモチベーションがわかない

料理番組を見ていて、「私も作ってみよう！」と思うことは誰にでもあること。しかし、そうは思っても、なかなか具体的な行動には移せないものです。

モチベーションを高めることをデザインでは「動機づけ」と呼びますが、動機づけは、人を目的に向かって行動させるファクター（要因）として重視されています。

作りたいという意志がある場合、行動に移させるのは難しいことではありません。少し後押しすれば人は動きます。きっかけが必要なだけです。**料理作りの場合、そのきっかけとなるのが、料理を作る「目的」と料理を食べてもらう「ターゲット」の存在です。**

目的の設定では、イベントを用意することが、もっとも手軽に行える方法です。イベントには単なる食事会からパーティーまでありますが、いずれにしてもイベントと意識することがポイントです。イベントによって、ターゲットの数も顔ぶれも変わってきます。

イベントは、場所、日時、内容を決めることで成立します。その場のイメージができあがれば、料理を作ることへの意欲がわきます。**ここでのコンセプトは、食べてくれる人、つまりターゲットを喜ばせることです。**笑顔が得られれば、あなたはまた作りたくなるはずです。

★動機づけのデザイン

「料理を作るぞ」

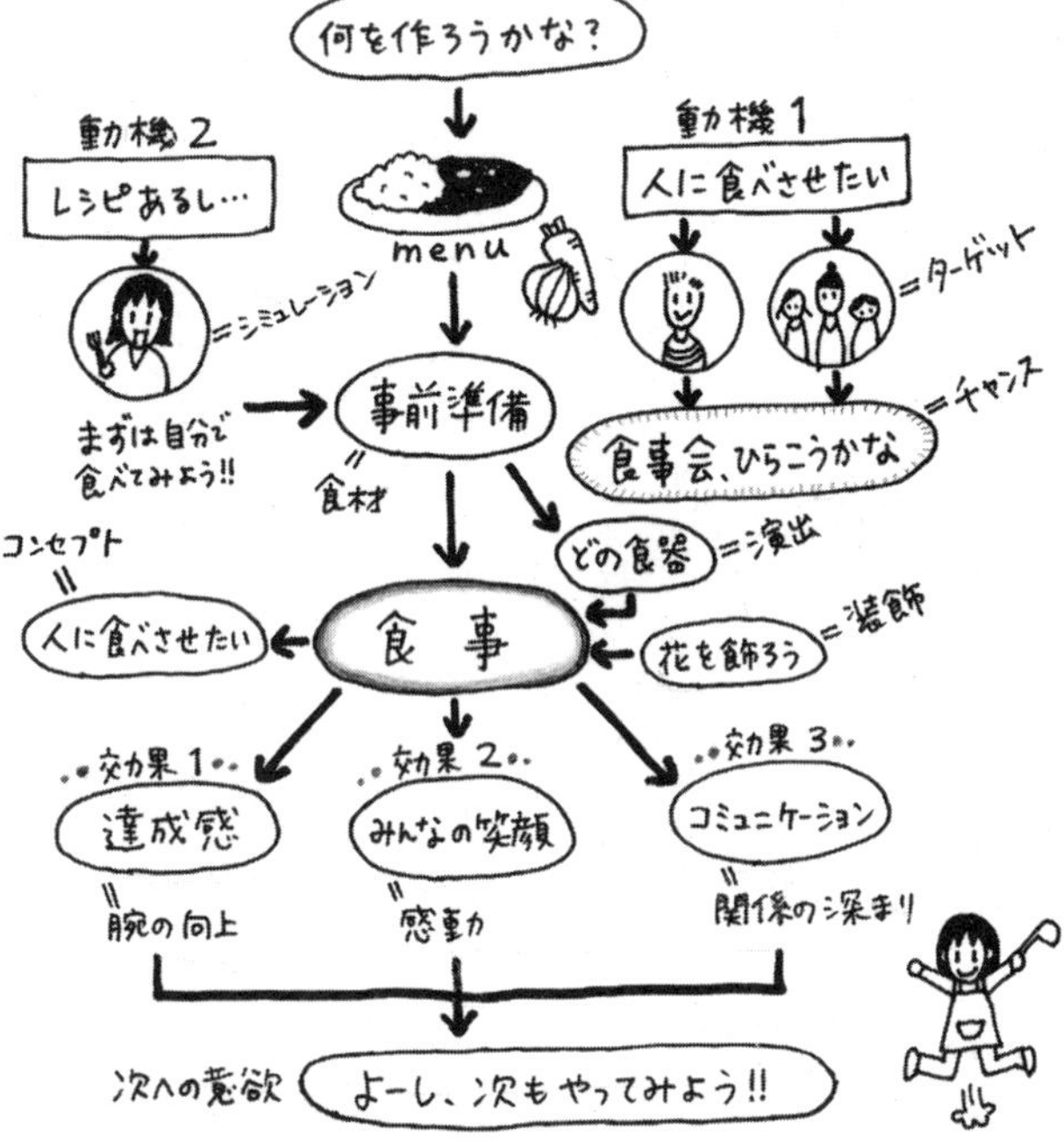
何を作ろうかな？
動機2
レシピあるし…
=シミュレーション
menu
動機1
人に食べさせたい
=ターゲット
事前準備
=チャンス
食事会、ひらこうかな
まずは自分で食べてみよう!!
=食材
どの食器
=演出
コンセプト
=
人に食べさせたい
食事
花を飾ろう
=装飾
効果1
達成感
=腕の向上
効果2
みんなの笑顔
=感動
効果3
コミュニケーション
=関係の深まり
次への意欲
よーし、次もやってみよう!!

用語解説

目的

デザインには必ず目的があります。何のため、誰のためのデザインかがはっきりしていることが、明確な効果を生むからです。ここでは、何を作るか、誰に食べてもらうか、どんな場を設けるか、などが目的になります。たとえ自分が食べるための料理だとしても、いずれ誰かに食べてもらうという目的があれば、そこに意欲が生まれてきます。目的意識が創造の原動力になります。

37　いろいろなカードを作ってみたい

カードはメッセージ

プレゼントなどにカードを添《そ》える人が増えてきました。アメリカでは、グリーティングカードなど、機会あるごとにカードが使われています。

どんなにEメールや携帯メールが普及しても、カードのインパクトには勝てません。自分の気持ちをカードに託《たく》して送れば、受け取る人は両手でその重みを感じることができます。そこにカードの持つ根強い魅力が隠されています。

そのカードを手作りできれば、さらに気持ちのメッセージは熱さを増します。カードへの創作意欲はこれからも衰《おとろ》えることはないでしょう。

しかし、カードを作りたいけれど表現力がないからといって諦めている人も多いのではないでしょうか。その一因は、「絵が描けない」ということです。そこに、デザインの応用の余地があります。

デザインは、絵とは直接関係のないものです。これはしっかり把握しておいてもらいたいことです。カードを製作するにあたり、絵以外のものでも十分に楽しいものが作れます。絵が描けないことは、カードを作れない理由にはならないのです。

★カードはメッセージ

「心を届けるカード作り」

偶然を利用した表現

メッセージを入れるスペース

きり吹き

ケント紙に
水を塗っておく。

乾く前に絵具をたらす。
文字を入れるスペース
を確保する。

写真のコラージュ

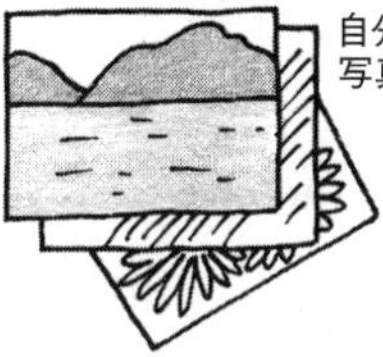

自分で撮った
写真

色つきの用紙に
写真を切り抜いて貼り合わせる。

ワンポイント

色鉛筆や水彩絵具

マーカーで描く

キャラクター風の
カットを1カ所入れる。
紙はマーメイド(凹凸
のある厚手の紙)。

布を使う

ハギレを集める

カラーコピー

布を一度カラーコピー
して使用する。
これを切り抜く。

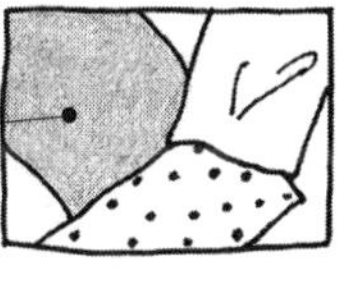

コラージュ
(切り抜いたもの
を紙に貼っていく)

・周囲にあるものを使って、カードにする。
台紙は画用紙など厚手のものを使用する。

38　自作のカレンダーが欲しい

人は時間の流れの中で日々生きています。

カレンダーや時計はそのことを感じさせてくれますが、残念ながら、時計には記録の機能がありません。人は、自分の足どりやこれからの行き先を記録し、確認したいものなのです。特に自分のいる場所、**それも時間的な場所をいつも確かめたがります**。それが、時計にはない、カレンダーの役割と言えるでしょう。

また、カレンダーには、インテリアとしての機能もあります。

このように、カレンダーにはいろいろな役割・機能がありますが、どれを重視するかによって、当然、選び方も変わってきます。

既製品のカレンダーは種類も豊富で選ぶのに一苦労しますが、毎日見るものだけに、購入には慎重になります。気に入っていないものを毎日見るくらい悲しいことはありません。なので、できれば、自分でカレンダーを作ってみたいと思うようになります。

現代は何でも買える時代なので、**逆に、手作りのものに心ひかれることが起きるのです**。手作りなら、不完全なものでも愛着を感じ、毎日の時の流れを実感することができます。

★カレンダーデザイン

「自作カレンダーで日を刻もう」

〈カレンダーの役割〉

- 年月日の確認
- 絵の美的効果
- 記録（メモを含む）
- 予定を組む
- 目標の確認

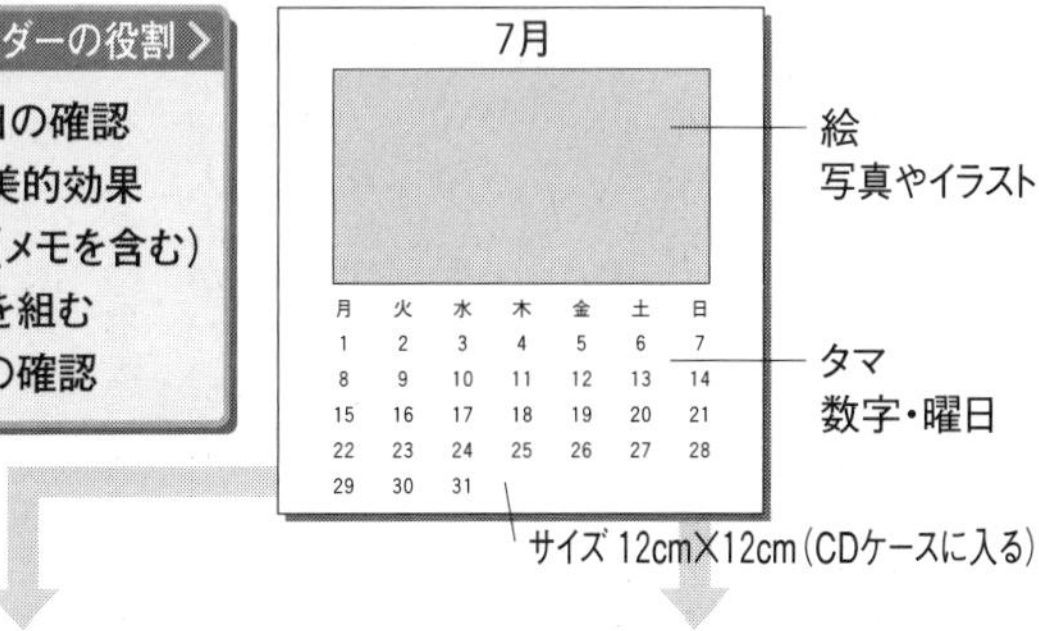

装飾性を強めたもの

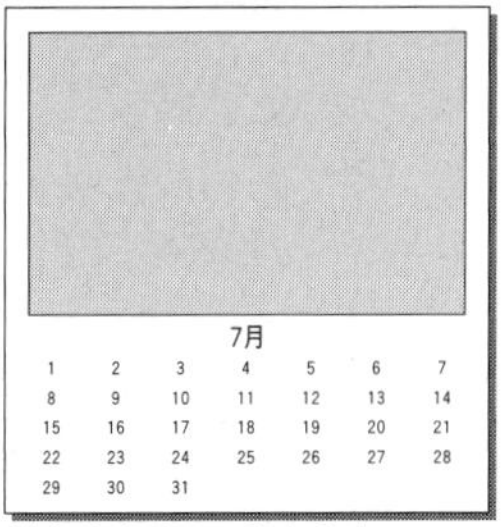

絵を大きくタマを小さく

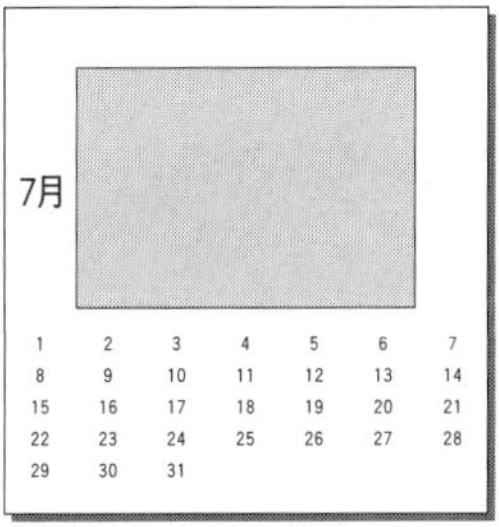

枠の部分に写真を貼る

実用性を強めたもの

メモできるスペースを大きく

目標などを書く欄がある

39 子供のために絵本を作ってみたい

人生で最初に出合う本が絵本です。絵本には、たくさんの夢が詰まっています。

さて、そんな絵本は、純粋に子供のためのものと、大人も意識したものの二種類に大別できますが、**大人がいいと思う絵本と子供が読みたがる絵本には、大きなギャップがある場合が多いのです**。

実際に、幼稚園などで多くの絵本を幼児に見せ、好きなものを選ばせると、大人がすすめる絵本ではないものが選ばれます。たとえば、「アンパンマン」はほとんどの幼稚園で選ばれますが、雑誌の「オススメの絵本一〇〇冊」などといった特集ではあまり取り上げられません。

この違いは、大人は絵がキレイとか、文章がいいという理由で絵本を選ぶのに対し、子供はほとんど感性、あるいは心で絵本を選ぶからです。

なので、子供のために絵本を作る場合、大人の基準で作ってはいけないのです。**重要なのは絵よりもストーリーであり、そこに込められたメッセージです**。

絵や文章がヘタでも幼児は気にしません。物語があり、メッセージが込められていれば、自作の絵本でも喜ばれる可能性は高いのです。

★絵本のデザイン

「オリジナルの物語を作ってみよう!」

1.テーマ設定

・何を伝えたい?
・子供への手紙のつもりで
・基本はポジティブ

→

2.ストーリー

・起承転結を
・悪者は必ずヒーローにやられる
・しかし、悪者は死なない

3.サムネール

・24場面に絞り込む
・名刺サイズほどの絵を描く

→

4.ダミー

・原寸サイズで上質紙などに絵を描く

5.表現

・広げた形で絵と文字を入れる
・画用紙を使用

→

6.製本

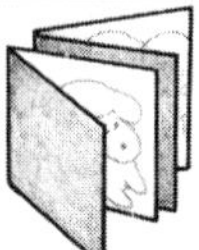

・中を折って、背と背を接着していく

7.表紙

・厚紙で表紙

→

仕上がり

・絵本の作り方はいくつかありますが、ここでは、もっとも簡単にしっかりできる方法を紹介します。

40　お守りを作ってあげたい

遠く旅に出る人の無事を祈る気持ちは、昔も今も変わりありません。出征《しゅっせい》していく夫や恋人を守りたい、その願いをカタチにしたものがお守りです。

現代でこそお守りは神社やお寺で売られていますが、原型は、そうした身内の人が作っていたものです。もちろん、お守りの中に入れるものは、霊験《れいげん》あらたかなものが選ばれます。

お守りは、すでに石器時代には存在していました。

革の袋に黒い石を入れたものが残されています。どうやら、狩りに出る男たちが持っていたもののようです。信仰が大きな影響を持っていたことは言うまでもありません。原始宗教は大地信仰でしたので、石は大地の代わりであったかもしれません。

しかし、何よりも、愛する人の幸せや安全を願う気持ちがお守りを生んだことは確かです。旅立っていく人を直接守ることはできません。そこで、お守りが効果を発揮します。願いと祈りの込められたお守りは、危険からその人を守ります。

それは、愛という名のお守りです。

愛や思いやりから生まれたお守りは、デザインと多くの共通点を持っているのです。

★愛をカタチにする

「あの人を守るお守り」

作る理由	入れるもの
無事を祈る	巻き貝
成功を願う	金箔
勝利を祈る	赤色のもの
健康回復を祈る	雑草の種
恋愛成就の祈願	ピンクのリボン
安産祈願	ゴマ
幸運祈願	宝石

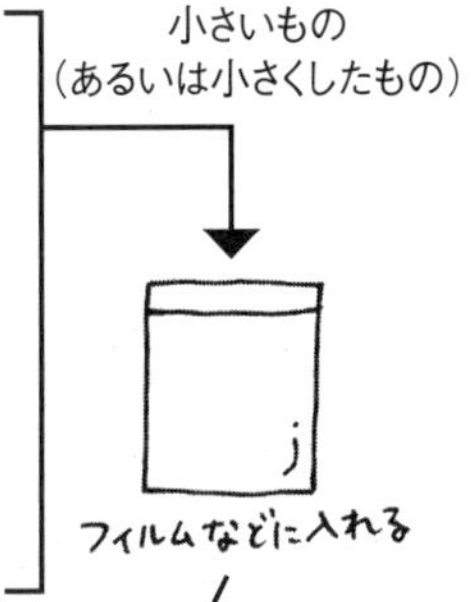

小さいもの
（あるいは小さくしたもの）
フィルムなどに入れる

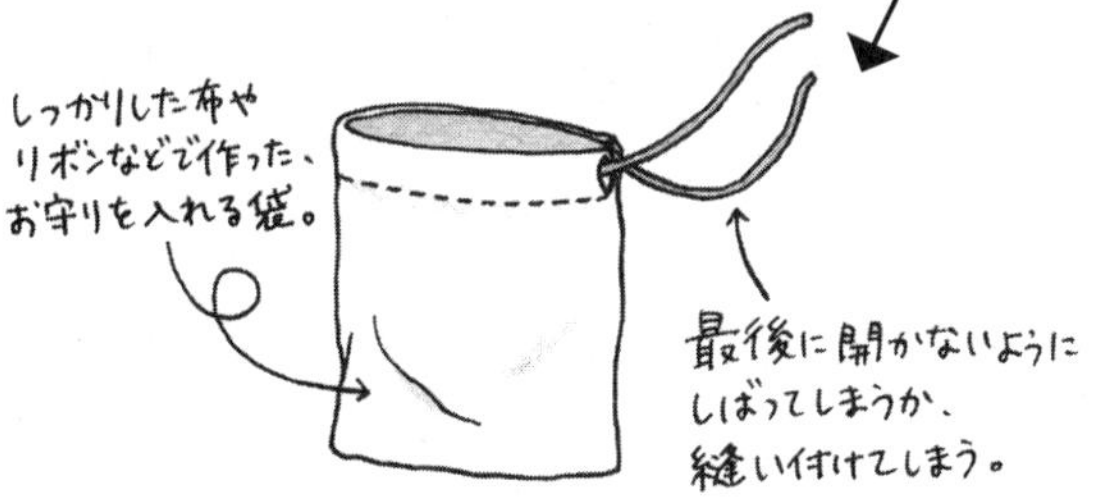

しっかりした布やリボンなどで作った、お守りを入れる袋。
最後に開かないようにしばってしまうか、縫い付けてしまう。

・お守りの基本は相手を守る気力。
その気持ちが相手に伝わることで、効果が発揮される。

用語解説
パッケージデザイン

パッケージは包むものです。中身を守るという機能と、中身を表示する（装飾）機能があります。ところが、何を包むかでその形はかなり変わってきます。固体（箱やバッグ）、液体（ビンや缶）、気体（ボンベやタンク）を包む他に、時間（CDやビデオ）を包むものもあります。精神的なパッケージには、愛とか福祉といったものがあります。お守りは、相手を悪いものから守るという精神的パッケージの一つです。

41　絵心がない

絵が好きだけど、描くのは苦手という人は多いと思います。

絵が苦手という人は、だいたい小学生の頃にはそう思い始めています。図工の授業などで他人と比較され、成績をつけられるのがその一因でしょう。そして、「絵は才能がないと描けない」という既成概念が生まれ、絵にチャレンジする気持ちが削《そ》がれてしまうのです。

しかし、絵は才能で描くものでないということは、幼い子供の絵を見れば一目瞭然《いちもくりょうぜん》です。彼らの絵は、まるでおしゃべりのように雄弁《ゆうべん》です。

絵を描く能力は、人に平等に与えられています。ただ、その能力の育て方、鍛《きた》え方が一様ではなく、その人に合った指導法が必要なのです。音楽は絶対音感が基準になりますが、絵にはそういった基準がありません。あるとすれば、メッセージを伝えるためのルール（色や形）ぐらいです。そして、それは誰にでも簡単に理解できるものなのです。

デザインにおける絵の練習法は、誰にでも上達する方法を提案します。天才を作るのが目的ではありません。**絵で話ができるようになるための練習です。**

絵が持っている原点に立ち返ること。デザインにおける表現力はそこに芽生《めば》えます。

★絵の練習法

「表現力を身につけて、絵でおしゃべりしよう!」

模写 （構図と形を学ぶ）	気に入った名作（印刷物）の上に 薄紙をのせて、形をトレースする。 これを画用紙などにトレースダウンする。 水彩で着色する。
コピー （色のつけ方を学ぶ）	名作を画用紙などにモノクロコピーする。 これに着彩する。 絵具はアクリル系、水彩系、色鉛筆。
ぬり絵 （配色を覚える）	ぬり絵の本などを利用して、色をつける。 配色を学ぶことができる。 絵具は色鉛筆、水彩。
スケッチ （描くのに慣れる）	簡単な形のもの（たとえば、リンゴや ピーマンなど）をモチーフに、 鉛筆スケッチをする。

絵を描くのに法則はない。どんな描き方でもいいから
まず描くことの楽しさを知れば、画力はアップする。

用語解説
イラストレーション

デザインは計画であり、絵を描くことは含まれていません。デザイナーは画家ではないので、絵を描くことはほとんどありません。もちろん、コミュニケーションのためのラフスケッチやサムネールを描くことはあります。デザインで必要としている絵は、イラストレーションと呼ばれています。もしデザイナーが絵を必要とする場合には、イラストレーターに依頼することになります。イラストレーターも画家ではありません。

42　アイディアがぜんぜん出ない

何ごとにも発想力が必要だと言われます。発想力とは、アイディアを生み出す力のことです。新しい仕事を起こしたり、新しい製品を作ったりするときには、発想力が大きくものを言います。発想力のあるなしで、その質がだいぶ変わってくるのです。

また、生活するうえでも発想力は必要です。生活に創意工夫を加えれば、毎日はもっと楽しくなります。

アイディアが出ないという人は、単に発想力が不足しているのです。そうは言っても、発想力は簡単には身につかないと思っている人は多いのではないでしょうか。

しかし、それは大きな誤解です。発想力は簡単に身につきます。けっして、**先天的な才能や感性の問題ではないのです。**

発想力は、言い換えれば、イメージをいかに生み出すかということです。いわば頭の中に映像を浮かべる力であり、**それはイメージトレーニングで鍛えることができるのです。**

「デザインの価値はアイディアにあり」という言葉があります。デザインの質を高めるためにも、アイディアを生む力を養っていきましょう。

★発想力

「アイディアを生む力を」

イメージトレーニング　イメージ力をアップさせるためのトレーニング

① **連想**　1つの題を決め、それに関連する言葉を100書き留める。

② **想像**　人から見えない部分（裏側とかバッグの中など）がどうなっているか想像して絵で表現する。

③ **改良**　1つのものをテーマに、その欠点と長点をピックアップし、20の改良点を見つける。

④ **複合**　2つの生物の特徴を新たな1つの生物に仕上げる（絵で表現する）。

⑤ **共通**　2つのものの共通点100を抽出する。
この中には当然なことも含まれる。

⑥ **用途**　あるものの新たな用途を考える。100の用途を考える（まったく実用性のないものでもOK）。

・時間は3時間以内で行う。スピードをつけて考えることは柔軟性を育てるうえで重要である。一見くだらないものでも、数を出すことがトレーニングとなる。（A4の用紙を使用）

用語解説
イメージトレーニング
イメージトレーニングはスポーツの世界でよく用いられています。イメージとは頭に浮かぶ映像のことを言います。したがって、自分のイメージを他人は直接目にすることができません。イメージはアイディアを生みます。まず、イメージがなければ、ものごとを考えることも形作ることもできません。イメージは、発想力と深く結びついています。デザインにおけるイメージトレーニングは、発想力を高めるためのものです。

保つ

43　便秘だ

便秘、それはスムーズにいくはずの日常にいつもトゲのように突き刺さります。これほど煩《わずら》わしいものはありません。できれば、一生おさらばしたいもの。それが便秘です。

そこで、デザインの出番です。

便秘とデザインは、一見何の関係もないように思えます。たしかに、便秘を治すのは医師や薬です。デザインでは便秘を治すことはできません。

デザインで可能なのは予防です。便秘の原因に働きかけ、便秘にならないようにします。

便秘の原因には、食事量の少なさ、食物繊維の不足、水分の摂取不足、排便欲求を我慢することが多い、ストレスが多い、生活が不規則である、腹筋の筋力が低下している、などいろいろあります。これらが複合的に組み合わさって、便秘の原因になっているのです。

どれもよく知られた原因なので、ちゃんと対策を取っている人も多いと思います。それでも便秘になってしまうのは、やはり、何かが抜け落ちているからです。

デザインは、問題をシンプルにします。便秘の原因をわかりやすい表にして、もれが出ないようにするのです。

★予防のためのデザイン

「便秘しない方法」

便秘にならないための、わかりやすい図表

- **生活習慣**
  - 1. 朝起きたらコップ一杯の水を飲む
  - 2. 便意をがまんしない
- **健全食事**
  - 1. 一日3回の食事を規則的にする
  - 2. 食物繊維を多くとる
- **非健全食事**
  - 1. ココアや渋い茶、赤ワインを控える
  - 2. 肉類に偏った食事はしない
- **運　動**
  - 1. 軽い運動（散歩でも可）をする
  - 2. 腹筋を強化する
- **健　康**
  - 1. 睡眠を十分にとる
  - 2. イライラしない（ストレスをためない）
- **誘便意**
  - 1. 乳製品、油脂類、炭酸飲料
  - 2. クエン酸、香辛料など

便秘の予防には、生活の規則化が最重要である。
複雑なものやわかりづらいものをわかりやすくするのがデザインの仕事である。

44　とにかくダイエットしたい

一億総ダイエット時代だと言われています。誰もがダイエットの必要性を感じていて、コンビニの食材には、ことごとく摂取カロリーが表示されています。また、雑誌の広告から深夜の通販番組まで、ダイエット製品も花盛りです。

しかし、なかなかダイエットは成功しません。人は、美味しいものを食べたくなるようにできている動物だからです。

もちろん意志の強さも大切ですが、ダイエットが成功するかどうかは、その人がちゃんと「意識」を持っているかにかかっています。**決意と言い換えてもいいと思いますが、要は、「私はやせる！」という意識を持ち続けることが重要なのです。**

少し前に話題になったダイエット法に「計るだけダイエット」というものがありますが、これなんかはまさしく、決意を持続させるための方法です。やることといえば、毎朝体重を計るだけ。それ以外は、食事制限も運動もしなくていいのです。

つまり、毎日体重計に乗ることで、「自分にはダイエットが必要だ」「いまはダイエット中だ」という意識をキープできるのです。**意識すれば、自然とふだんの行動も変わっていきます。**

★決意の持続方法

「確実にやせるには」

ダイエットには多くの方法がある

ダイエットは無限にある。ふつうにしていれば太ることはない。そのためには、お金をかけず意識を持つ。

やせている自分をイメージする　・1カ月ダイエット

▼　・気がついたらやる　・決まった時間にやる

食事の制約　量と質のコントロール、食物に対する知識をしっかり持つ。

▼

適度運動　ウオーキング、ごろ寝（毎日1分以上）。ヨガダイエット、なわとび・・・時間は短くてもどれかを毎日する。

▼

マッサージ　気になる部分を揉む、軽く叩く（お風呂あがりが効果的）、その部分を意識する。

▼

体重測定　毎日体重計に乗り、それを記録し、グラフにする。ダイエットに対する意識を持続させる。

▼

私はやせるという意識を持つ　鏡を見ながら口に出して毎日言う。

・ダイエットは複合させて進めることがポイントである。
1カ月ごとに結果をまとめる。結局、「私はやせる」という決意を持続させることが重要である。

用語解説

ダイアグラム

状況や変化などを数字で表すよりは、グラフで表したほうが把握しやすい。このようなデザインをダイアグラムと言います。日本では図表デザインとも言われ、本や案内図などに盛んに活用されています。ダイアグラムの素晴らしいところは、言葉で表現するとわかりづらいものが、ビジュアルになることで瞬時に判断できる点です。最近では、情報デザインというネーミングでも知られるようになりました。

45　毎晩、コンビニですませてしまう

人の生活の基本は食にあります。ゆっくりと時間をかけて、栄養が偏《かたよ》らない食事を摂《と》ることが重要です。

しかし、そんなことを言うと、仕事が忙しくて落ち着いて食べる時間がないよ、といった声が聞こえてきそうです。また、一人暮らしの人からは、自炊が面倒くさくて外食に頼っちゃう、といった声も聞こえてきます。

忙しくなると、味わうことなく食べてしまうことがあります。すると、ほとんど食事が機械化し、ただお腹に何か入れればいいやということになります。

その結果、どんな食べ物でも口に入るものならいいということになり、近くのコンビニですませてしまいます。

その食生活を変えるには、食の基本に返ることです。**食の基本とは、ズバリ楽しく食べることです**。食に楽しさを見出すことと言ってもいいでしょう。食事は本来、楽しいものなのです。**いろいろな栄養が必要という頭でっかちな考え方を持つのではなく、食事の楽しさこそが食生活に変化を生み出します**。

★食のデザイン

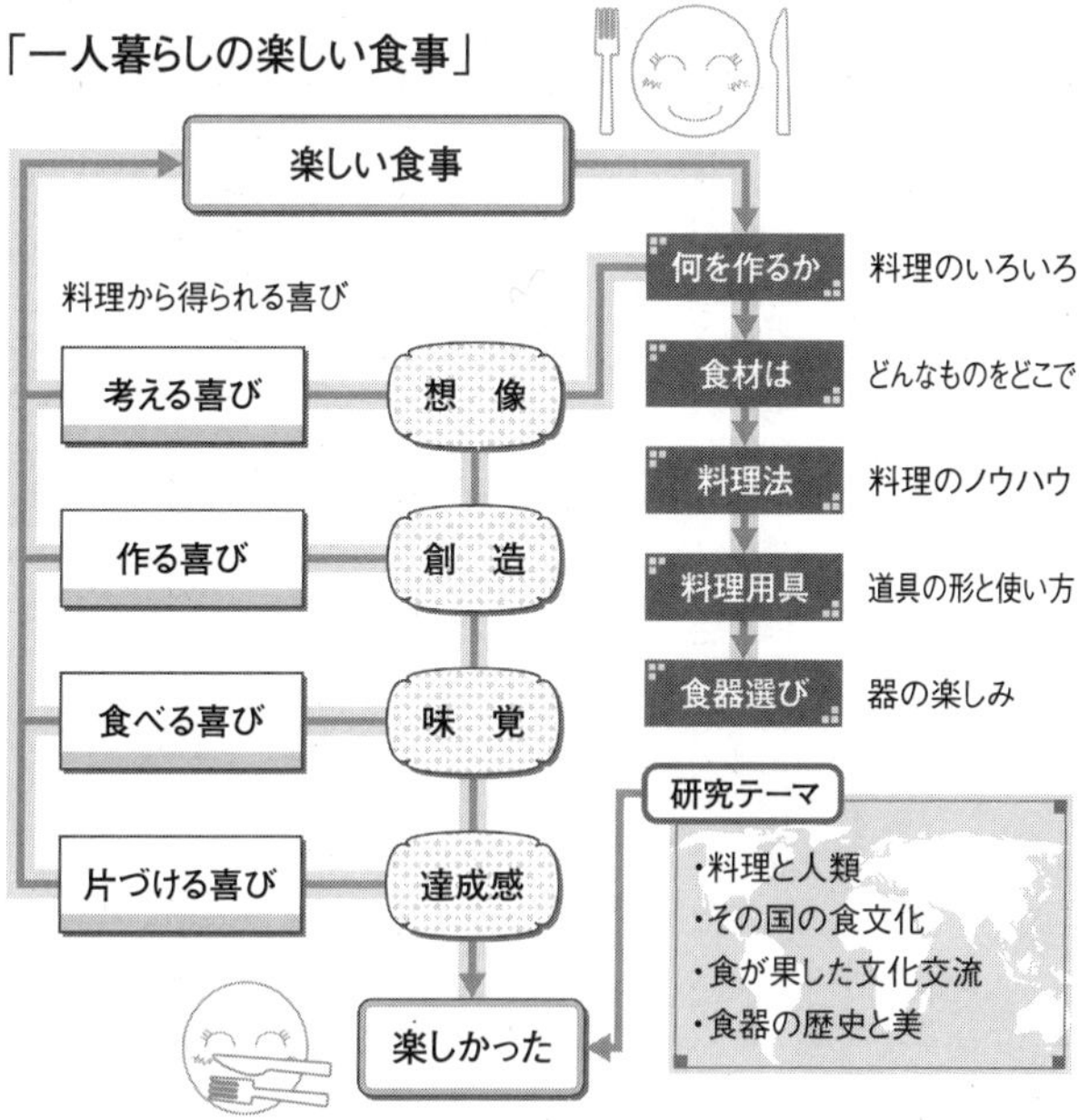
「一人暮らしの楽しい食事」
楽しい食事
料理から得られる喜び
考える喜び
想　像
作る喜び
創　造
食べる喜び
味　覚
片づける喜び
達成感
楽しかった
何を作るか
料理のいろいろ
食材は
どんなものをどこで
料理法
料理のノウハウ
料理用具
道具の形と使い方
食器選び
器の楽しみ
研究テーマ
・料理と人類
・その国の食文化
・食が果した文化交流
・食器の歴史と美

・食事には、それぞれの段階に深い歴史や文化が息づいている。自分が今、口にするものにどんな意味があるのかを訪ねるうちに、食事が楽しくなり自分で作りたい欲求が生まれてくる。

用語解説

ライフスタイル

ライフスタイルは、その生活様式や生活の仕方のことを指しています。スタイルそのものは、これが絶対という形があるわけではありません。個人の生活に密着した、その人なりの過ごし方がライフスタイルの適切な意味と言えます。デザインは、このライフスタイルの提案を少なからず行うものです。その人の生活に楽しさや潤いを届けるのがデザインの目的です。デザインが生活を変えるのです。

46　タバコをやめたい

依存症は、本人の意志が強くても、なかなか改善されることがありません。タバコの例を見てみましょう。

タバコがどれだけ体に悪いか、映像も制作されています。タールのように黒く、癌《がん》に侵《おか》された肺は見ていて気分が悪くなります。しかし、映像を見てもやめられない。それは、スリルと化してしまうからです。まさに逆効果と言えます。

タバコだけではありません。お酒や甘いものなど、嗜好品《しこうひん》はいたるところに待ち受けています。だから、体をいたわってやめたいと思う人はあとを絶ちません。それを支援する商品も開発され、数々のＣＭが流されるくらいに大きな市場となっています。

やめるのは並大抵のことではないのです。

タバコをやめるためのデザイン。**これは、「やめよう！」ぐらいのスローガンでは、とうてい実現することができません**。脳に組み込まれたプログラム自体をも変更する必要があるのです。

「オレはタバコをやめた」など と、**未来のことを過去形で表現する方法を取ります**。

★未来を「過去形」で表現する

「目標の表示の仕方」

■結果の表示■

○ **タバコ、オレはやめた**

○ **タバコを吸っていない**

結果、あるいは過去形での表示は、脳への働きかけも大きい。

■スローガン的表示■

× **タバコをやめよう**

この程度の呼びかけでは、やめられない。

× **禁煙宣言**

言葉だけの装飾的な効果しかない。心に迫るコピーではない。

× **喫煙ガマン**

ガマンしているということはいつかガマンできなくなるときがくる。

・結果や過去形で表現することで、脳ではすでに終了したこととして自律神経に働きかける。それによって、タバコは今は吸っていないという意識が生まれる。

用語解説

キャッチフレーズ

キャンペーンやイベントで使用し、そのもの自身や内容を表す言葉がキャッチフレーズやスローガンです。特にキャッチフレーズは、商品などのネーミングとは別に作られます。キャッチとは文字通り人の心をとらえることで、印象深いものにします。短い言葉で、語呂がよく、つい口をついて出てきそうなものがよいとされています。スローガンは日本語では標語であり、方向性を示すのに使われています。

47 どうも最近、老けてきた

人はあるとき、ふと老いを感じます。

たとえば夜、電車に乗っていて、何気なく窓ガラスに映る自分の顔を見たとき、一瞬ギクッとすることがあります。家に帰って鏡を覗《のぞ》き込み、新しいシワを見つけ、自分がもう若くないことを実感します。

自分は自分を外から見ることができないので、**自分の老いを感じさせる一瞬をキャッチするのは意外に難しいと言えます**。

他人は、自分のことをいつも客観的に見ているので、老いの瞬間に立ち会うことはよくあります。でも、それは、どんなに親しくてもなかなか口にはできません。老いは触れてはならないタブーになっているからです。

もし何かの機会に老いを感じたならば、まずはその事実を受け止め、それ以上老けて見えないよう、防止策を考えます。**老いは、外見と内面の両面から撃退する作戦が有効です**。

大切なのは、きびきびした動作と明るい笑顔です。この二つに気をつければ、元気になるだけでなく、見た目年齢を下げることまで可能になります。

★元気をデザインする

「老け防止策を考える」

外見
・明るい表情
・笑顔
・化粧品
・鏡に向かう
・行動を素早く
内面
・楽しさの発見
・夢を持つ
・「よし、やるぞ」と言う
・感謝の気持ち

スピードと笑顔が若く見せる

動作をスピーディにすることと笑顔でいることが、若さを作り出している。

老けて見える原因	対応策
疲れている	十分な休養（よく休み、睡眠を十分にとる）
元気がない	自分でテンションを高める（「よし、やるぞ」と言う）
笑顔がない	楽しさの発見（苦しさよりも楽しさを見つける）
目に輝きがない	夢を持つ（夢に向かうとき、目は輝きを増す）
肌につやがない	化粧品（化粧品を使う心が貴重）

デザインの対象は「元気」までを含んでしまう。
元気をデザインすれば、老いは感じられなくなる。

48 人前に出るとあがってしまう

状況に対応するデザイン

誰でも、人前にはじめて立つときは緊張します。いつもの自分ではいられません。

つまり、「あがる」わけですが、これは、興奮して頭に血がのぼり、自分が何をしているのかわからなくなる状態のことを指します。**あがってしまうと、自分の言いたいことも言えず、プレゼンテーションとしての効果を上げることはできません。**

あがる前に、手に「人」という文字を書いて飲む真似をする人がいます。自己暗示によって興奮を静めるわけですが、これは案外、効果的な防止策です。

また、医者に話せば、興奮を静める薬を出してくれます。これがもっとも的確な防止策だと言えますが、何かあるたびにいちいち医者に行かなければならないので、あまり現実的ではありません。

そこで、自分の力だけであがるのを防ぐ方法を考えます。**デザインでは、確実な効果を手に入れるために、一つの方法だけでなく複数の方法を考えます。**

たとえば、深呼吸法は直接的な方法ですが、そのような防止策だけではなく、あがることはもう諦めて、あがったときの対応策も同時に練《ね》っておくのです。

★状況に対応するデザイン

「人前であがることに慣れる」

あがる理由は　楽しもうという気持ちがまず基本となる

- 非日常的なことによる興奮
- 人前に立つことに対する自意識の過剰な反応
- 内容に対する不安から平常心を失う

あがらないようにするには　ほどよい緊張感はむしろ必要なもの

- 何度も練習して完全に覚える
- 呼吸(深呼吸・間の呼吸)をする
- 「大丈夫、うまくいく」と声に出して言う

あがってしまったら　上がってもいい、対応策があるから

- 深呼吸し、1拍(3秒ほど)間をとる
- 肩の力を抜き、目の前の人を見回す
- 笑顔で「うん」というように自分に言い聞かす

・あがらないようにしよう、という気持ちが逆に変な緊張感を作り出す。あがってもいい。「あがったときの対応策を知っているから」と思うほうがいい結果を作る。

用語解説
両面戦略

一つの目標を達成するために、一つの方法ではなく表と裏といった両面から攻める方法。一般的には、得意手による正攻法と、不得意な部分は相手から学ぶという柔軟法による戦略のことを指しています。一つの方法より複数の方法のほうが相乗効果を発揮するところからよく用いられる戦略です。表と裏だけでなく、メインとなる戦略とそれをサポートするサブの戦略も両面戦略と言っています。

学ぶ

49 集中力が続かない

人がステップアップしていくとき、必要なのが集中力です。どんな場面でも、集中力がその場を乗り越えさせる力を生み出します。スポーツの試合でも、先に集中力が切れたほうが負けると言われています。

集中力とは、雑念を捨て目の前にあるものに気持ちを集めることを言いますが、問題は、それを持続させる力があるかないかです。**集中力は、精神を統一する力であると同時に、忍耐力をも含んでいるのです**。

集中には、大きく二つのタイプがあります。ながら族といって、何かをしながらでないと仕事や勉強ができないタイプと、他のことを一切シャットアウトして、そのことだけに専念するタイプです。

前者はリラックスタイプといい、集中に継続力がありますが瞬発力はありません。逆に、後者の緊張タイプは、瞬発力はありますが継続力がありません。

リラックスと緊張。相反するように見えますが、実はこれらは二つでワンセットです。この二つのバランスが、**集中力の継続に大きな影響を与えるのです**。

★リピートをデザインする

「集中力が欲しいときには」

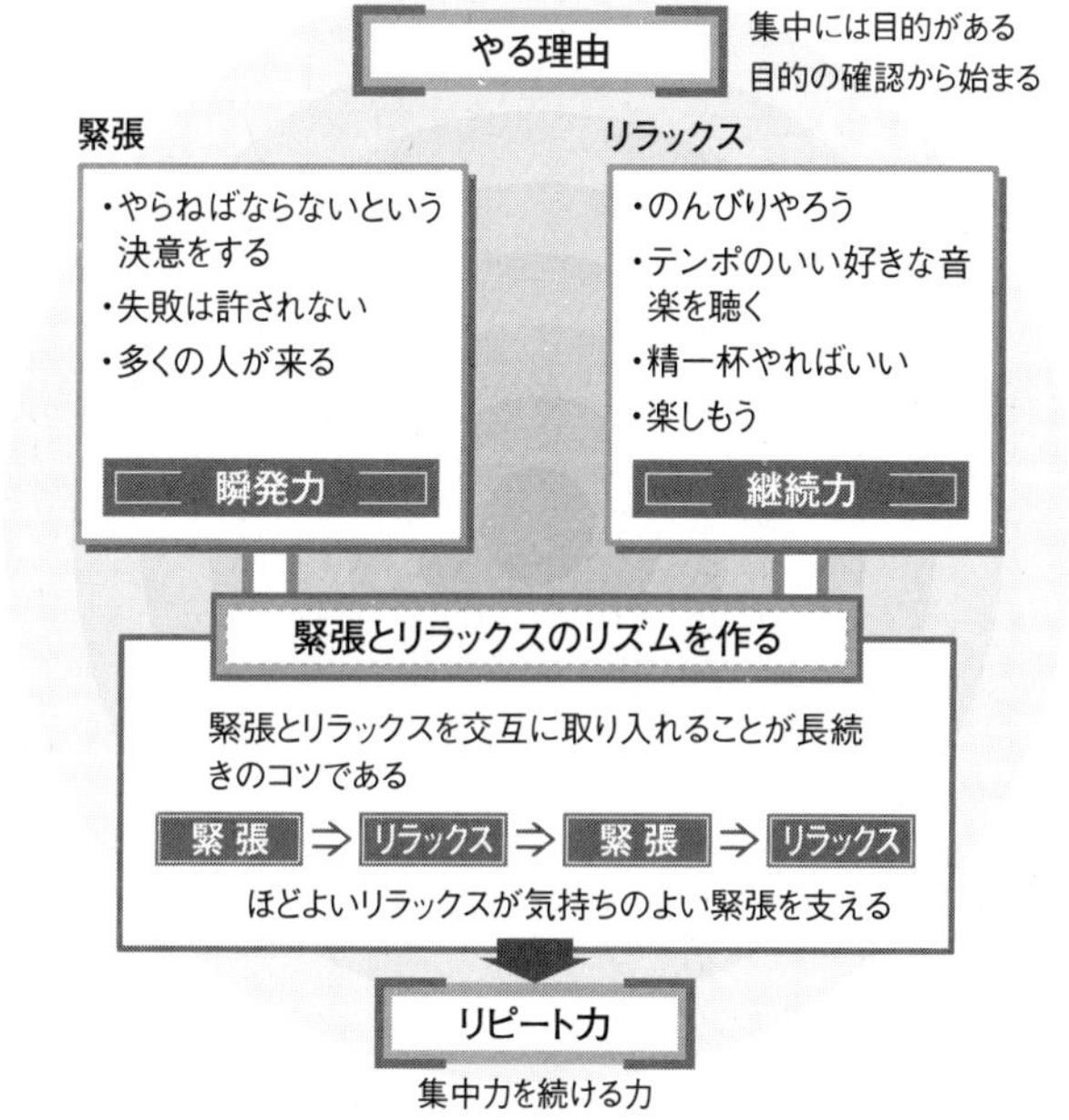
やる理由
集中には目的がある
目的の確認から始まる
緊張
・やらねばならないという決意をする
・失敗は許されない
・多くの人が来る
瞬発力
リラックス
・のんびりやろう
・テンポのいい好きな音楽を聴く
・精一杯やればいい
・楽しもう
継続力
緊張とリラックスのリズムを作る
緊張とリラックスを交互に取り入れることが長続きのコツである
緊張 ⇒ リラックス ⇒ 緊張 ⇒ リラックス
ほどよいリラックスが気持ちのよい緊張を支える
リピート力
集中力を続ける力

・継続する集中力は強い達成願望と達成したイメージを常に持つことで生まれてくる。デザインで大切なのは、目的を達成するという意識を常に持たせることである。

用語解説
リピート

「継続は力」は、デザインでもまったく同じことが言えます。ユーザーや顧客がくり返し訪れるように、種々のアイディアを練り、誠意と努力を傾注します。人は何らかの魅力が感じられれば、またそこを訪れます。一見の客が固定客に変わるのは、魅力があるからです。継続するためには続けたいという魅力作りが必要で、苦しさだけで魅力がなければ、いずれ途絶えます。継続する人をリピーターと言います。

50　本気で資格を取りたい

段階設定

世の中、資格が大流行りです。資格の一つや二つ持っていないと、就職にも影響すると言われています。しかし、数ある検定の顔ぶれを見てみると、どうでもいいような資格もかなりあります。資格検定に名を借りたビジネスとしか思えません。

とはいえ、資格を持っていると有利になるのであれば、やはり、取得を目指して頑張らなければなりません。どんなことでも、目標を設定し、それに向かって努力することは、その人の人生を充実したものにしてくれます。また、国家試験など、その資格がなければ自分が望む仕事に就《つ》けないタイプのものであれば、本気で取り組む必要があります。

ただ、**ひとつ言えるのは、絶対的な合格法はないということです。**

なぜなら、せっかく覚えた事柄も体調が悪くて思い出せないこともあるからです。つまり、時の運にかなり影響されるということです。

こうした場合には、合格可能性のアップを図ることをテーマに考えます。特に、**段階ごとの目標設定は、自分のモチベーションを高めるための最適な方法になります。**

★段階設定

「4ステップで試験合格!」

資格が取れるための条件

・集中できる・資格の活用の場がある・絶対取るという決心がある

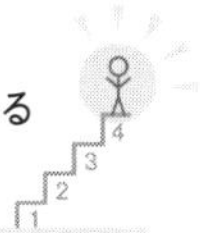

段階設定

1.step

《目標》
全体の詳細

- 毎週曜日と時間を決めて 1年間かけて勉強する
- 週に3時間勉強するとして 52週×3時間＝156時間

長期計画

●**1年かけて勉強する。勉強することを習慣化する。**

2.step

《目標》
全体を把握

- 週5日、1日1.5時間（90分）
- 半年間（6カ月）かけて勉強する
- 26週×5日×1.5時間＝195時間

半年計画

●**総復習的に、最初から「見直し的」勉強を行う。**

3.step

《目標》
重要項目

- 3カ月集中型
- 週6日、1日3時間
- 12週×6日×3時間＝216時間

中間計画

●**重要項目のチェックを重点的に行う。**

4.step

《目標》
最重要項目

- 1カ月特訓型
- 週7日、1日4時間
- 4週×7日×4時間＝112時間

短期計画

●**基本となるものを暗記できるよう集中して勉強する。**

・どのステップから始めてもよい。そのときの状況に合わせて。

51　社会人になったら、勉強したくなってきた

人は学ぶことで成長します。だから、「よく遊び、よく学べ」と言われますが、その目的や意義がわからなければ、なかなか学ぶ気が起きません。義務的に勉強している間は、向上心もわいてきません。

ところが、社会人になって仕事を始めると、すべきことがはっきりし、知識やスキルとして何が必要かがはっきり見えてきます。目的や意義が明確になります。

すると、あれほど嫌いで苦痛だった勉強が、急にしたくなってくるのです。はじめて勉強の必要性とその面白さを知るのが社会人になってからというのは皮肉な話ですが、学ぶのに遅すぎるということはないのです。さっそく、今日から始めてみましょう。

でも、何から始めればいいのかわからない、という人が多いのも事実。これまで、学びを学校任せにしてきたので、勉強の仕方がわからないのです。

そこで、デザインの登場です。**勉強の過程はデザインの過程そのものです**。目的の設定からテーマ選び、コンセプト、動機づけ、リサーチ、効果測定……。この本もちょうど折り返し地点にたどり着いたので、いま一度、デザインの全体像を確認してみましょう。

★意欲と向上心のデザイン

「仕事に生かせる勉強がしたい」

※ビジネスマンの場合

≫ テーマ設定

経済動向の勉強をする

・人前で経済動向に関してレクチャーができるほどの知識を得たい

≫ コンセプト

楽しく学ぶ・短期で学ぶ

・義務的でなく、自主的なので楽しい

≫ 目標（テーマの絞り込み、具体化）

IT関連の業態の変化を読む → **今後の仕事に役立てる**

・読破する本の冊数

≫ マーケティングリサーチ

最適な情報の収集

- 先輩や人に聞く
- 新聞を分析
- インターネットを利用
- 関連図書検索

→ 独　学 / スクールに通う

チェック項目
- □時間
- □予算
- □準備品

≫ 実施プラン

学習のスタイル

・スケジュール／いつまでにどこまでいけるか
・時間／1日の勉強時間
・場所／2〜3箇所

≫ 効果測定

半年後に経済状況を1時間で解説できるようになる!

52 あんなに勉強したのに、英語が話せない

英会話教室は、日本中どこにでもあります。教え方も教材も格段に進歩し、ネイティブがインストラクターを務めるところが多くなりました。

ところが同時に、毎週のように教室に通っているけれど一向に英語が話せるようにならない、といった声もよく聞くようになりました。

かつて英会話教室もなかった時代に、ラジオ講座だけで英語を学び、アメリカに渡ってビジネスで成功した友人がいます。そういった人の話を聞くと、単に教育法や教材だけの問題ではないことに気がつきます。要は、実際に英語を使う勇気があるかないかの問題でもあるようです。

英語が一向に話せないと感じている人は、カンペキな英会話をイメージしているのではないでしょうか。流暢《りゅうちょう》な発音に豊富な単語力、そういったものはあとからついてきます。

大切なのは完全を目指すことではなく、拙い英語力でもいいから、相手とコミュニケーションを取ろうとすることです。そういう意味で、勇気が必要だと言っているのです。

デザインはもともと完全を求めてはいません。不完全さをどう生かすかがコツなのです。

★未完を生かすデザイン

「とりあえず英語をしゃべろう」

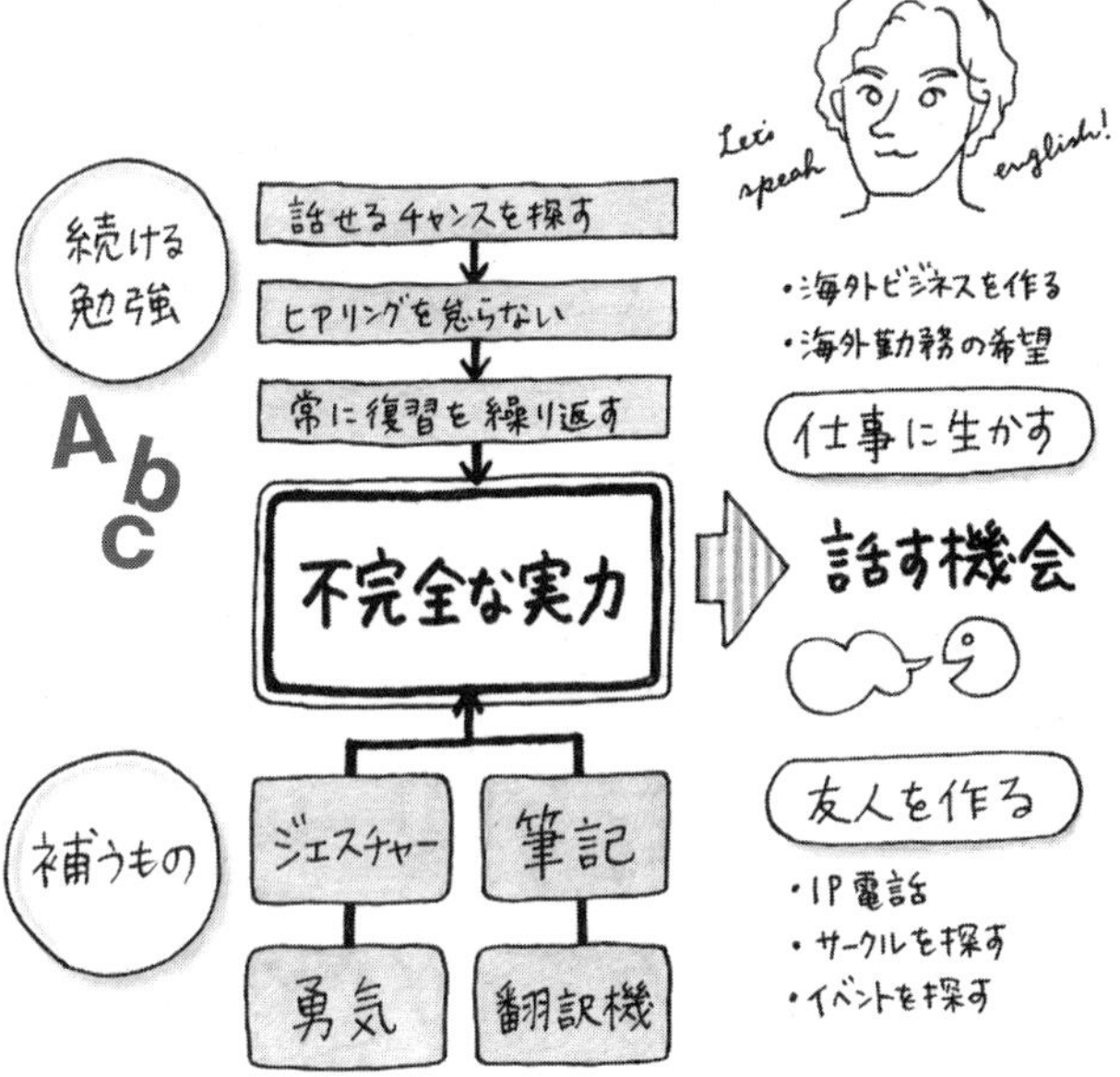
Let's speak english!
続ける勉強
話せるチャンスを探す
ヒアリングを怠らない
常に復習を繰り返す
Abc
不完全な実力
話す機会
・海外ビジネスを作る
・海外勤務の希望
仕事に生かす
友人を作る
・IP電話
・サークルを探す
・イベントを探す
補うもの
ジェスチャー
筆記
勇気
翻訳機

・デザインは元来、使うことで完成するとして、未完成の状態で仕上げを行うもの。大切なのは不完全でも使う積極性である。

用語解説

未完の美

日本には未完の美という美意識があります。完全ではなく、それぞれが補うことによって、美を発揮するのです。デザインでも、それ自体は完全なものではなく、人が使ってはじめて完成すると考えています。茶碗は、人がお茶を入れて飲むときに完成します。欠けているのではなく、人の手が加わって完成する状態です。それ自体に美があるのではなく、どんなものも美を作る一要素にすぎないということです。

53　漢字が書けなくなってきた

タイポグラフィーデザイン

ワープロ、パソコン、携帯電話の普及で、人が直接、文字を書くことは少なくなりました。今では、**書くといえばキーを叩《たた》くことを意味していると言っても過言ではありません**。

そしてその結果、「漢字が書けなくなった」という声が、老若男女を問わず、あちこちから聞こえてくるようになりました。

漢字は、中国五千年の歴史から生まれ、育ってきたものです。アルファベットからすると、書くのに面倒な、覚えるのにも難儀《なんぎ》なものに見えます。しかし、漢字には数々のメリットがあります。一字で意味がわかる。より正確なメッセージを伝えやすい。書くのに時間がかからない。そして、何よりも、美しい形をしています。

文字の世界は、タイポグラフィーと言います。文字の持つ可読性と美しさを追求するジャンルです。漢字をただの記号として理解するのではなく、文化や歴史を通して培《つちか》った造形美として理解することが必要になります。

漢字が書けなくなったのは、書かないからであるのと同時に、その造形的な特徴を意識していないからなのです。

★タイポグラフィーデザイン

「漢字の面白さを楽しもう」

漢字を使う習慣を作る

漢字のテスト　数種類の漢字のテスト問題集を時間を見つけてはやる。

↑

漢字を使う　必ず筆記用具を使って、日記や手紙、エッセイなどを手書きで書く。

↑

漢字に親しむ

●美しい漢字

風　光　花　空　星

漢字の美しさを知ることが、漢字を忘れなくしてくれる。

●漢字の成り立ち

1・象形文字

漢字の象形文字というルーツを知ると思い出しやすい。

2・会意《かいい》文字　複数の文字を組み合わせて、新たな意味の漢字を作った。

林　炎　鳴　明

・漢字の意味や組み合わせ（形）を思い出すことによって、その漢字を思い出す。
漢字の成り立ちや美しさを意識することで漢字になじむ。

54　何か新しいことを始めてみたい

ある程度同じことを続けてくると、人は必ず何かしらの分岐点にたどり着きます。雲の流れや水の流れでも同じ現象が起こります。フラクタルと言って、一定の流れに揺《ゆ》らぎが起こり、それがくり返されるのです。

この人生の揺らぎ（選択肢）に、人は自分の意志を反映させます。自分のやりたいことが頭に描かれている場合は、それに向かって突き進むまでですが、問題は、気持ちだけが先走り、やりたいことが何も見つからない場合です。

仕事の場合で考えてみましょう。**やりたい仕事が見つからない原因は、それまで一つの仕事に専念してきたため、次の「新しい仕事」へのイメージがわかないことです。**

イメージは、意識することによってわいてきます。逆に、意識せずにわいてくるものを空想と言います。空想はイメージ発想のトレーニングにはなりますが、目的がないので、結果もありません。

結果の出るイメージ発想は「面白い仕事はないか？」という意識です。この意識があれば、自然と仕事に関する情報に目がゆき、やりたい仕事が見つかるのです。

★結果の出るイメージ発想

「新しい仕事を始めたい」

1. 目を世界に広げる

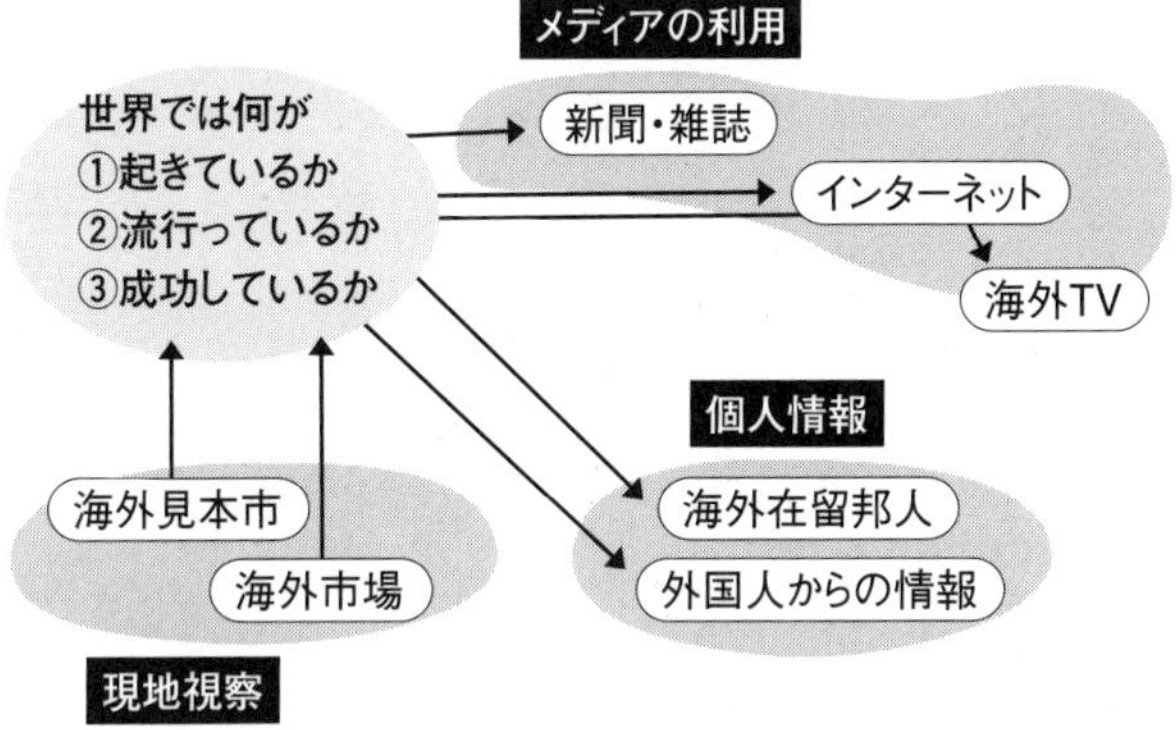
メディアの利用
世界では何が
①起きているか
②流行っているか
③成功しているか
新聞・雑誌
インターネット
海外TV
個人情報
海外在留邦人
外国人からの情報
海外見本市
海外市場
現地視察

2. 常に意識する

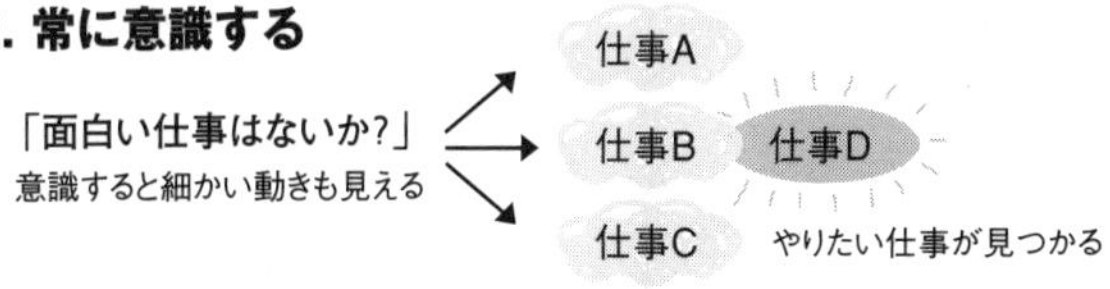
「面白い仕事はないか?」
意識すると細かい動きも見える
仕事A
仕事B
仕事D
仕事C
やりたい仕事が見つかる

・意識することで、ふだん見えていなかったものが見えてくる。
情報を得ることが楽しくなってくると、アンテナが研ぎ澄まされ、
隠れた仕事が見えてくる。

用語解説
フラクタル

フラクタルは、フランスの数学者ブノワ・マンデルブローによって考案された幾何学の概念です。フラクタルとはおおむね、ある形が縮小しながらくり返し現れる図形のことを指しています。木の枝が二つに分かれて、それぞれの先でまた二つに分かれるのをくり返すのがフラクタルです。その他、海岸線の地形やガラスの表面にできる氷の結晶などもフラクタルになっています。

55　独学ができない

勉強のパターンには二種類あります。スクールのようなところに通って学ぶパターンと、一人で学んでいくパターンです。

前者は、人の助けを借りて勉強していくため、自分がダレそうになっても続けられるというメリットがあります。ただし、スケジュールはスクールに合わせなければなりません。後者の独学のメリットは好きな時間に勉強できるということですが、一方で、独学には継続のための強い意志が必要となります。

もちろん、独学の成功・不成功には意志の力の強弱が関係しますが、**意外にも、その段取りの悪さが命取りだったりします**。

勉強する環境をどのようにこしらえるか、これは長時間継続する勉強の必須条件と言えるでしょう。独学ができない人に共通しているのは、勉強の段取りの悪さです。

段取り、これこそデザインそのものと言えるでしょう。その手際さえよければ、ほとんどのことは目的を達成します。

段取りの悪い人には、デザインの基本が有効なツールになるでしょう。

★段取りのデザイン

「独学で合格を目指す」

勉強の段取り（マネージメント）　例：資格試験

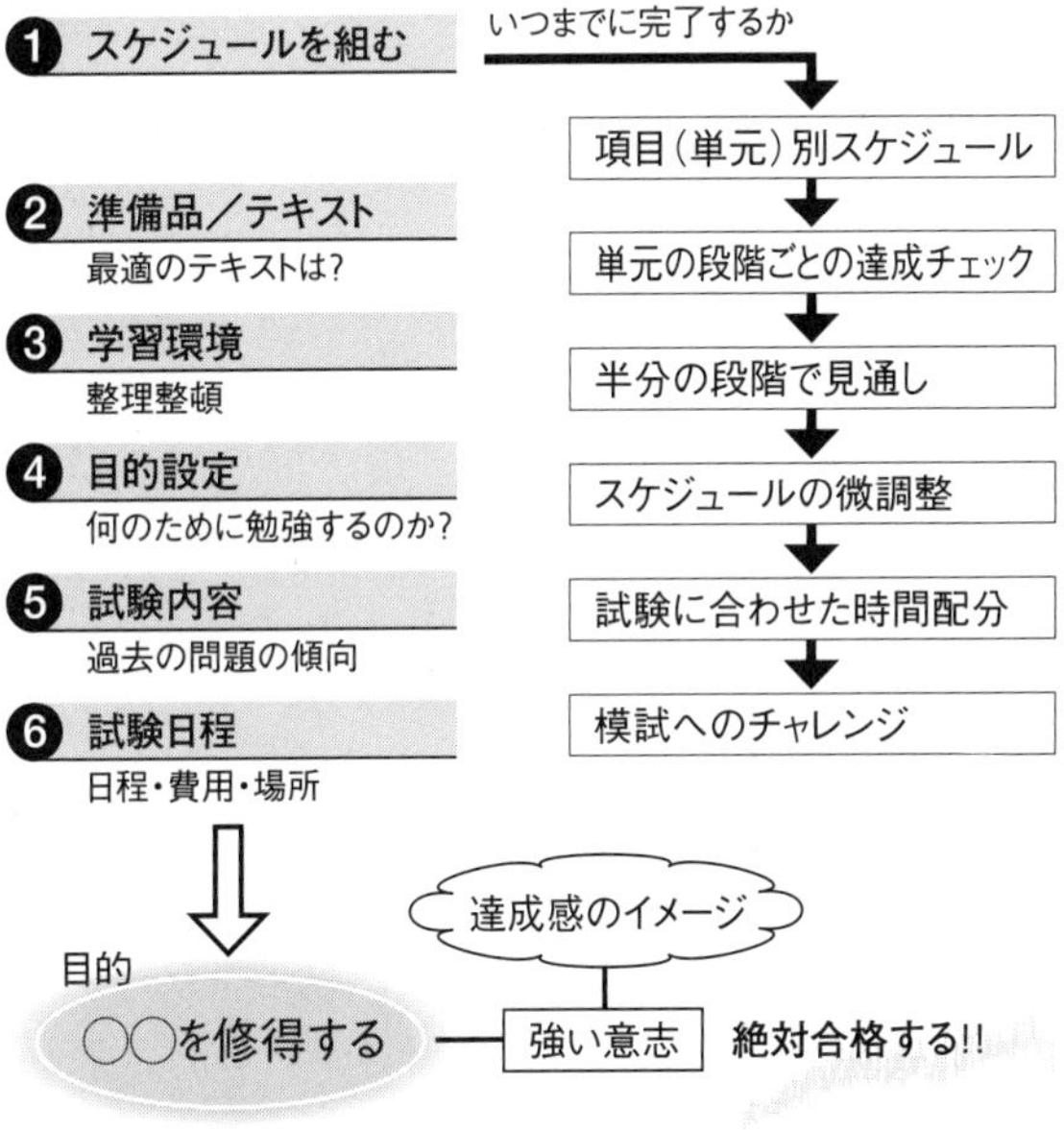

1 スケジュールを組む
いつまでに完了するか
項目（単元）別スケジュール
単元の段階ごとの達成チェック
半分の段階で見通し
スケジュールの微調整
試験に合わせた時間配分
模試へのチャレンジ
2 準備品／テキスト
最適のテキストは？
3 学習環境
整理整頓
4 目的設定
何のために勉強するのか？
5 試験内容
過去の問題の傾向
6 試験日程
日程・費用・場所
達成感のイメージ
目的
○○を修得する
強い意志
絶対合格する!!

・1〜6を必ず事前にチェックする。これらをいい加減にすると途中で挫折する。あとは、独学を支える達成イメージと必ず合格するという強い意志である。

用語解説

マネージメント

全体の計画がスムーズに流れるように段取りをつけ、管理することを言います。また、これを専門にやる人をマネージャーと呼んでいます。重要なのは、この仕事が企画から制作までに関与していることです。常に全体を意識しながらスムーズに進行し、結果がよいものになるよう段取りをするのは特殊な能力と言えます。マネージメントのもともとの意味は、流れを生み出し、管理することですが、経営者も指しています。

働く

56　やりたい仕事が見つからない

人には遊んで暮らしたいという願望がありますが、それに勝るのが仕事への意欲です。仕事をするために生まれてきたと言っても過言ではないでしょう。

その仕事は、好きなものを選ぶことができれば最高ですが、求人側の企業が採用してくれなければ問題になりません。美味しそうな企業にはたくさんの応募があるので、単純に好き嫌いだけで仕事を選ぶことができないのが現実の世の厳しさです。

ところが、そもそもやりたい仕事なんてない、という人も最近は多くなってきました。当然、入りたい企業なんてありません。

そういう人の大部分は、十分な仕事（企業）の情報を持っていないか、自分の可能性の認識が浅いかのどちらかです。**自分には大したことはできないと、はなから諦めている人も多いのです。そう考えていては、本当に大したことのない人間になってしまいます。**

情報収集と可能性の追求、それはデザインの基本領域です。特に可能性の追求は、デザイン本来の目的とも言えます。「**自分には何でもできる**」「**やりたい仕事はいくらでもある**」と考え、自分の可能性の幅を広げていくことです。

★可能性追求デザイン

「やりたい仕事はいくらでもある!」

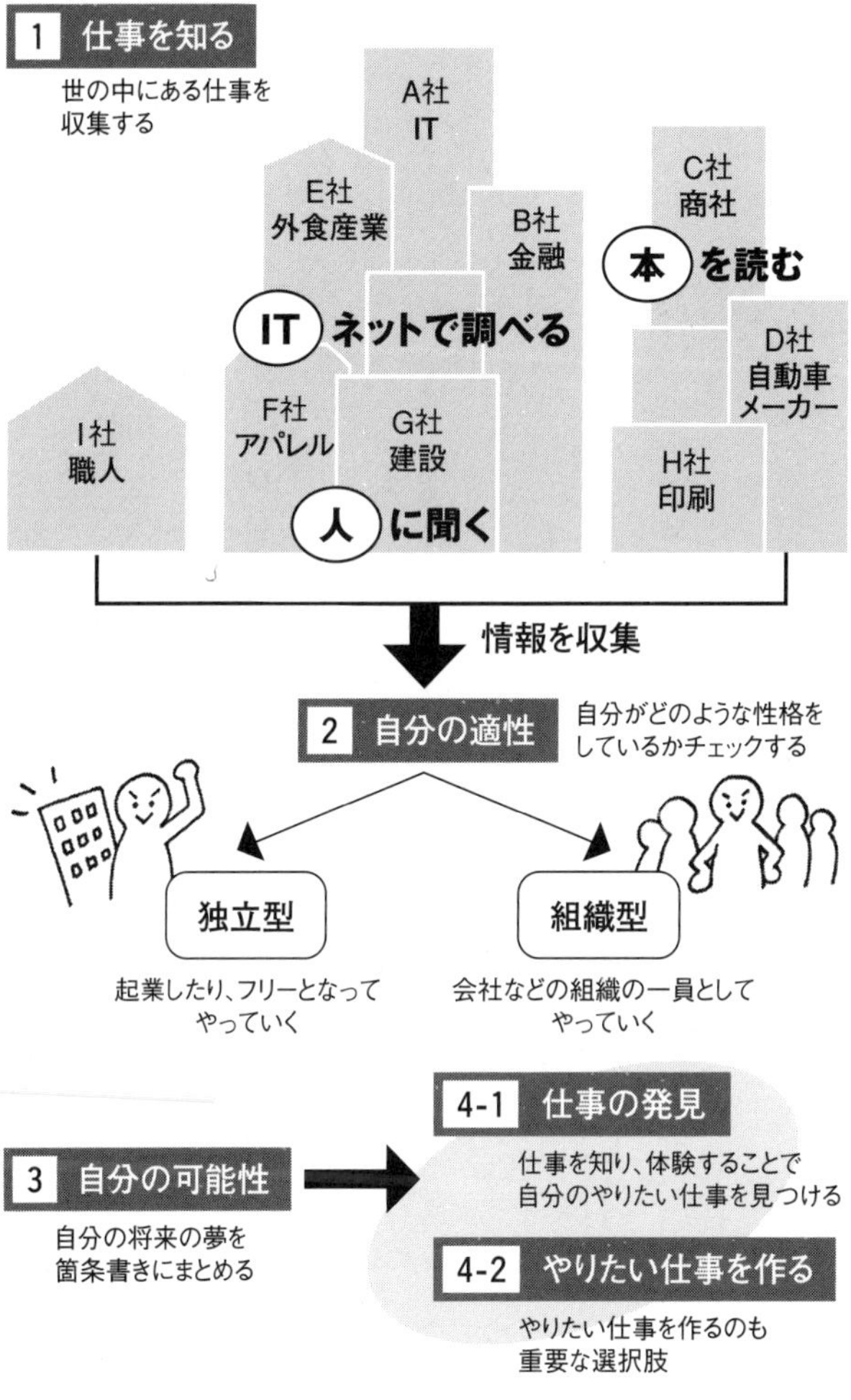

1 仕事を知る
世の中にある仕事を収集する
A社 IT
E社 外食産業
B社 金融
C社 商社
本を読む
IT ネットで調べる
D社 自動車メーカー
I社 職人
F社 アパレル
G社 建設
H社 印刷
人に聞く
情報を収集
2 自分の適性
自分がどのような性格をしているかチェックする
独立型
起業したり、フリーとなってやっていく
組織型
会社などの組織の一員としてやっていく
3 自分の可能性
自分の将来の夢を箇条書きにまとめる
4-1 仕事の発見
仕事を知り、体験することで自分のやりたい仕事を見つける
4-2 やりたい仕事を作る
やりたい仕事を作るのも重要な選択肢

57　給料が安すぎる

サラリーマンは基本的に薄給《はっきゅう》です。それは、日本企業の賃金体系が年功序列で、仕事の成果ではなく、働いた時間と年齢に応じてサラリーが支払われるからです。もちろん、個々の企業で多少の差はありますが、自営業者に比べればその差は微々《びび》たるものです。本当にお金が欲しければ、独立するしかありません。そうすれば、成果に応じて給料が支払われます。

しかし、何億も稼いでいるスポーツ選手がまだ少ないと言って契約更新しないことがあります。また、巨額な報酬《ほうしゅう》を得ている人が、「半分は税金で持っていかれる」と怒っている場面を見ることもあります。ふつうの人は、それでも何億もの金が残るのに何を言っているんだ、と思います。

自分の価値に相応《ふさわ》しい給料はいくらなのか？　多分、この解答は出ないでしょう。どんなに給料をもらっても、人はその金額に不満を持つのです。もちろん、満足している人もいますが、その数はまれです。

もっとも悪いのは、不満を持って毎日を過ごすことです。**デザインは、人の不満を解消するため、現状を改善し、少しでも希望が持てる提案をします。**

★納得を生むデザイン

「薄給から逃れたい」

●●● 薄給を変えるための3つの方法 ●●●

給料アップの方法

- 残業を増やす（あるいはバイトをする）
- 仕事に対する姿勢を改め昇進のチャンスを作る
- 給料アップに対する交渉を行う

現状に満足し、納得する

- 別に困っているわけではないし
- どこへ行ってもこんなところだ
- いつか上がるだろう
- 会社と仕事が嫌いなわけではないし

給料の高いところへ転職

- そろそろ転職の時期
- 同等他社の情報を収集しよう
- 転職雑誌をチェックし、具体的に動く

・いずれの方法も解決のために役立つ。これからのことをあいまいにせず具体的に考えることが、デザインの目的である。

用語解説

納得

デザインは依頼主あってのものです。まずは企画のプレゼンを行い、依頼主が納得してはじめて本制作に移ります。そして、その先にはユーザー（消費者）がおり、そのユーザーが納得しなければ、デザインが成功したとは言えません。それは、営業や販売にも通じることです。ただし、納得させることは説き伏せることではなく、条件に共感し、満足してもらうことです。納得は作ることができるのです。

58　彼氏が働かない

つき合っている彼氏が働かない人だったら、あなたはどうしますか？　あなたはそのことに対して、まず何らかの不満を持つはずです。

「友達の彼氏はみんなちゃんと働いているのに……」とか、「なんで、私がデート代を払わないといけないの！」とか、不満の形はいつしか相手に対する不信感に発展します。同時に、「この人と一緒にいて、将来は大丈夫かなぁ」といった不安も生じてきます。働かないということは、いろいろな意味での波紋《はもん》を生むのです。

どのようにして彼氏を働かせるか、デザインでアイディアを出します。

デザインの目的は喜び作りですから、この目的に照準を定めると、どのようにしたらよいのかが見えてきます。**喜びを得るための方法のポイントは、仕事への動機づけにあります。**

これは、ユーザーのいない商品に対する購買意欲の形成と同じです。

動機づけのデザインについては36で詳しく解説したので、ここでは、**動機づけのためにコミックを活用する方法を提案します。**

イラストとストーリーで、行動のための手助けをするのです。

★コミックの活用

「彼氏に仕事してもらおう!!」

・二人の目標を作ることで、仕事への意欲を作り出す。
マンガによる説明はわかりやすい。言葉よりも受け入れやすい。

59　仕事が忙しすぎる

「仕事が忙しい」が口癖になっている人がいます。

そういうことを言う人は、本当に忙しくて困っている人か、「忙しい=自分は会社に貢献《こうけん》している、自分は会社に評価されている」と暗《あん》に伝えたい人のどちらかです。

実際には、両者の中間くらいの人がいちばん多いかもしれません。

ここでは、二つの解決法が提案できます。

後者の場合、別に困っているわけではないので、解決法は忙しい自分を評価することです。**よりよい自己評価が、より深い満足感につながります**。

次に前者ですが、これは本当に困っています。

忙しくなる原因は、仕事量が絶対的に多いか、要領が悪いかのどちらかです。仕事量が多くなる原因をさらに見ていくと、会社全体の仕事量が増えたか、仕事量に対する社員数が少なくなったかの二つの原因が考えられます。

解決法は、**自分の時間の作り方を提案することです**。

この二つの案を組み合わせ、「仕事が忙しい」という口癖をやめにしましょう。

★自己評価と時間創出法

「もう仕事を言い訳にしない!」

第1案　忙しい自分を評価する

1. **これだけ仕事があるのは自分への信頼**
   自分の仕事に対する能力が評価されている
2. **社内でこれだけ仕事をしているのは自分だけ**
   会社への貢献度が高いことは自分の価値
3. **仕事に対しての充実感がある**
   他の人が得られない充実した気分が持てる

第2案　自分の時間の作り方

1. **仕事の見直しにより、合理化を図る**
   やっている業務の流れを整理し、無駄を省き時間短縮を行う
2. **仕事のスピードアップを図る**
   同じ仕事量ならスピードアップすることで、時間を生み出す
3. **短時間(30分)でできることを探す**
   長時間かかる趣味などではなく、短時間でやれることを毎日実践する

・新しい提案とは、基本的なものやこれまでのものの新しい組み立てを意味している。着目するべき点は、その人の身になって考察することだ。

用語解説
評価方法

どんなことも評価があって価値が決まります。しかし、ずさんな評価ならやらない方がましな場合もあります。信用性のある評価とは、不用意な主観が混入しないものです。その手法には、心理学を応用したさまざまなものがあります。チェックリストを用いたり、評価に関する資料を長期間保存し総括する方法もあります。評価はそのその基準となる項目(的を射ているもの)を厳選し、誰もがわかりやすいものにします。

60　何をしてもミスが多い

人の仕事の進め方には二通りあります。慎重タイプとおおざっぱタイプです。そして、これらはさらに、行き当たりばったりタイプと先を見越すタイプにそれぞれ分かれます。

この中でいちばんミスが多いのは、おおざっぱで行き当たりばったりタイプの人です。慎重な人はそれだけでミスを起こす可能性は低くなるし、おおざっぱでも先を見越している人は、最後の最後につじつまを合わせることができます。

もちろん、ミスはいろいろな状況によって引き起こされます。しかし、何をしてもミスが多いという人は、その人自身に原因があることをしっかり認識したほうがいいでしょう。

しかし、何も悲観することはありません。ミスが起きるのを防げばいいわけで、ミス防止のためのデザインを考えます。**デザインは常にポジティブであることが求められます。**ここでは、明快な原因に対応したプログラミングを考えます。

同時に、ミスが多い人は何をしたらどのような結果が起きるかというイメージ力に欠けるので、それを補うためのプログラミングも考えます。

★ミス防止プログラミング

「ミスの常連から脱皮したい」

ミスが起こる原因とイメージ力を結びつけたミス防止プログラミング

1

ミスの原因の確認　●下記のことを仕事として必ず実施するようにする

仕事のスケジュール → 手帳にも記載し、必ず出勤、帰宅時に確認する
全体の流れを把握する

内容のチェックの甘さ → ファイル（データ）に目を通す
簡単な概略図を作る
仕事の内容の大要を理解する

確認と連絡の弱さ → 連絡すべき人と事柄の一覧表を作る
自分のすべきことを確認し、常に連絡する

2

イメージ力を身につける　●映像・画像として、頭に描くようにする

仕事の流れをイメージする → 全体のスケジュールを暗記する
工程が大まかに頭で描ける
全体のスケジュール

次にやることをイメージする → 次の仕事の準備
次にやることを思い浮かべる
次にやらねばならないこと

仕事の終了をイメージする → その仕事の目的を確認する
どのような形で終了するかイメージする
仕事の終わり方

61　部下が言うことを聞かない

コミュニケーションの最適化

会社は、一人ではなくチームワークで仕事をするところです。

上司は会社の戦略を理解し、部下にそれを伝え、その部署がすべきことを明確にします。部下は上司の指示に従い、目標達成のため、各自の仕事に専念します。これで、スムーズに業務が進行するはずです。会社組織はとても機能的にできあがっています。

ところが、組織を構成する人にはそれぞれ個性があり、指示の受け取り方がバラバラになったりすることがあります。また、**スタンドプレイをしたがる者もいれば、職務怠慢で働かない者もいます**。

人間が組織を作る以上、機械のような指示系統を作ることはできません。たしかに、**インフラネットやメールなどの導入によって、社内の情報伝達は早く、便利になったかもしれませんが、コミュニケーションの内容がよくなったとは思えません**。

そこで、部下が言うことを聞いてくれるよう、信頼関係を築きます。上司と部下のコミュニケーションには、信頼関係が必須条件だからです。

ここでは、そのための効果的なコミュニケーションツールを提案しましょう。

★コミュニケーションの最適化

「部下に伝えたいことがある」

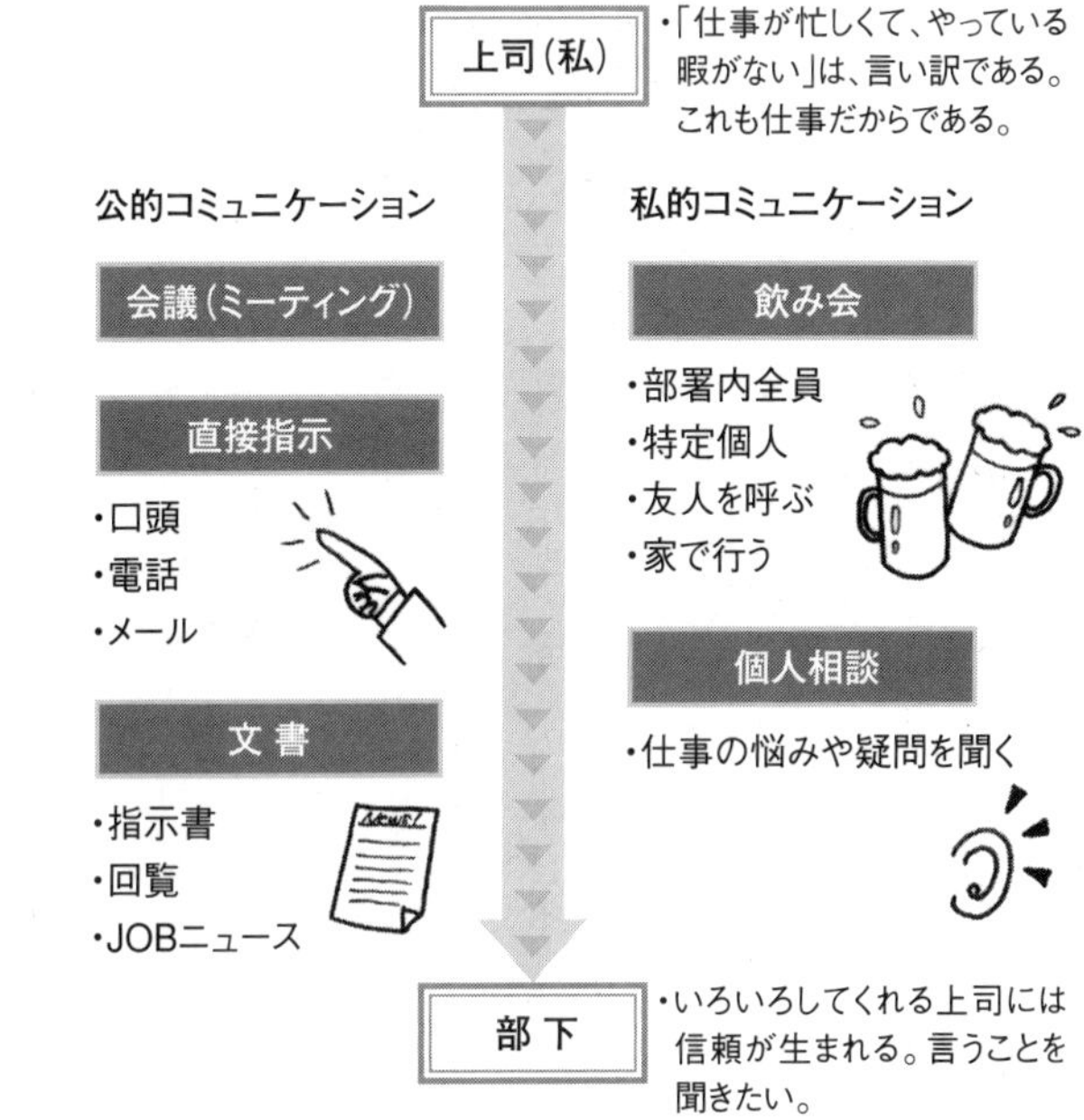
上司（私）
・「仕事が忙しくて、やっている暇がない」は、言い訳である。これも仕事だからである。
公的コミュニケーション
会議（ミーティング）
直接指示
・口頭
・電話
・メール
文書
・指示書
・回覧
・JOBニュース
私的コミュニケーション
飲み会
・部署内全員
・特定個人
・友人を呼ぶ
・家で行う
個人相談
・仕事の悩みや疑問を聞く
部下
・いろいろしてくれる上司には信頼が生まれる。言うことを聞きたい。

※JOBニュースは仕事の進行状況を中心に担当者のメッセージを添えて月1回発行する。仕事を全員が一目で確認できるようにするのが目的。

用語解説

コミュニケーションツール

日常の生活で使用されるコミュニケーションツールには、現在六種のものが代表的と言われています。携帯メール、PCメール、固定電話、携帯電話、手紙（はがきを含む）、ファックスです。二〇代から五〇代におけるツールを使う頻度は、携帯メール56％、PCメール21％、固定電話14％、携帯電話9％、手紙0.3％FAX0.1％の順になっています。回数から言えば手紙類は圧倒的に減っています。

62　上司のアタマが固い

いい上司に恵まれると、部下は俄然《がぜん》やる気が出ます。「この人のために頑張ろう」という気がしてきます。これは、組織を代表する社長であっても同じことでしょう。

尊敬される上司とは、ただ甘いだけではなく、リーダーシップを発揮し、組織をガードできる人間のことです。それは、部下を大切にするということであり、このような厳しさと温かさの両面を持っていることがリーダーの条件となります。

アタマが固いと言われる上司は、**発想力に欠けるという意味ではなく、リーダーとしてのダイナミックさに欠ける場合にそう言われることが多いようです。**

部下からの提案を頭ごなしに否定するような上司では、部下として、実力の発揮の場を奪われているようなものでしょう。要は、部下のことを信頼していないわけです。これでは、「この人のために頑張ろう」という気も起きません。

上司には、プロジェクト全体の結果をイメージし、それぞれの企画に対しての効果測定まで行ってから決断することが求められます。そして、**一度決断したら、どんなことがあっても部下を信頼し、何かあったらすべての責任を取るのです。**

★上下関係のデザイン

「上司のアタマの固さは部下が直す」

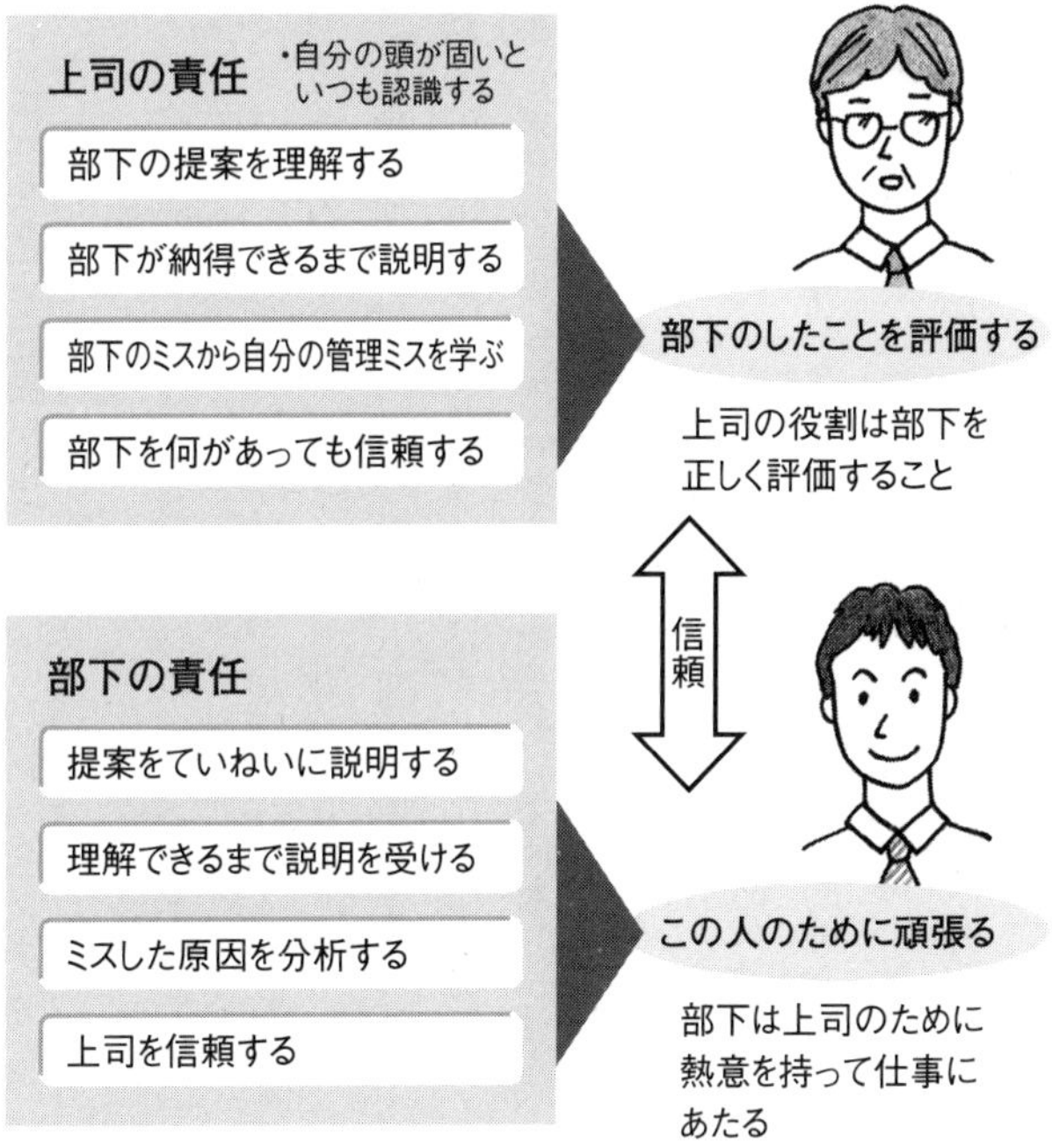
上司の責任
・自分の頭が固いといつも認識する
部下の提案を理解する
部下が納得できるまで説明する
部下のミスから自分の管理ミスを学ぶ
部下を何があっても信頼する
部下のしたことを評価する
上司の役割は部下を正しく評価すること
信頼
部下の責任
提案をていねいに説明する
理解できるまで説明を受ける
ミスした原因を分析する
上司を信頼する
この人のために頑張る
部下は上司のために熱意を持って仕事にあたる

・上司のアタマの固さは、相互の理解が深まらないと柔らかくならない

用語解説

プロジェクト

ある組織が行なう研究や事業などの計画を指しています。内容的には開発事業であることが多いと言えます。また、プロジェクトには期限があり、時間が限定された事業です。ルーティーンワークではありません。デザインでは、取り組む仕事が常に新しいものの制作になるので、それを担当するグループをプロジェクト、あるいはプロジェクトチームと呼びます。上司がそのマネージメントを担当します。

63　とりあえず転職したい

原因の解明

どこの会社へというわけではないけれど、とりあえず今の会社を辞めて転職したい。勤め人なら、誰しもが一度は味わう気持ちでしょう。デザインでは、こういった漠然とした希望をもかなえるために、十分な原因分析を行います。

転職願望の原因はいくつか考えられます。「とりあえず」とあるので、単純に仕事に飽きた、職場の人間関係が嫌だ、今の生活を変えたい、失恋した、といったところでしょうか。

この言葉には、先の見通しや夢があるわけではありません。

とにかく現状から脱出するという、どこか逃げの姿勢が感じられます。ただし、転職したいのであって、どこかでのんびりしたいというわけではないので、そこに希望が感じられます。つまり、そのほのかな希望にこれからの計画の基点を置くのです。

大切なのは、自分がなぜ転職したいのか、その明確な原因を把握しておくことです。原因がわかれば攻め方も決まります。また、「とりあえず」というノリが、深刻な解決法ではなく、「じゃ、こんなのどう?」といった気軽な解決法を導き出します。

ただし、**人生における何らかの節目の可能性もあるので、実行は慎重にしましょう**。

★原因の解明

「転職したい！はチャンス」

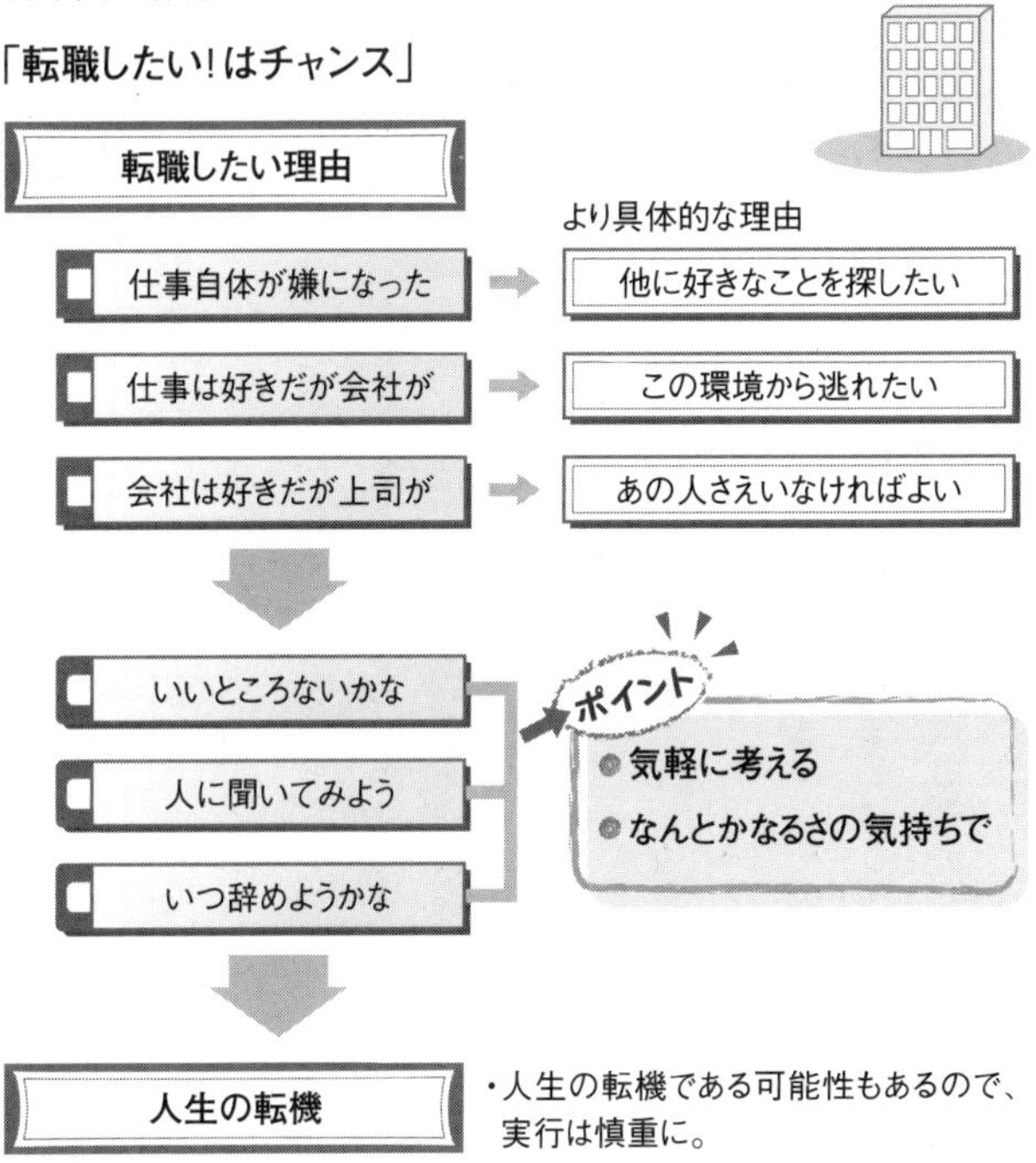
転職したい理由
より具体的な理由
仕事自体が嫌になった
他に好きなことを探したい
仕事は好きだが会社が
この環境から逃れたい
会社は好きだが上司が
あの人さえいなければよい
いいところないかな
人に聞いてみよう
いつ辞めようかな
ポイント
気軽に考える
なんとかなるさの気持ちで
人生の転機
・人生の転機である可能性もあるので、実行は慎重に。

・転職するのは別に間違いではなく、自分の可能性の発見につながることが多い。

用語解説

チャンス

ものごとを行う際、絶対に検討しなければならないのがタイミングです。チャンスとも言います。時機を逃せば、効果が弱まるだけでなく、そのものの価値さえ失われることがあります。チャンスはビジネスでも重要な役割を果たします。商機はまさにビジネスチャンスです。タイミングをずらしてはなりません。デザインでは、特にどのタイミングで仕掛けるかが重要です。まさに、時は金なりと言えます。

64 何のために働いているのだろうか？

これは、自分を見失ったときに出てくる疑問です。

なぜなら、働く理由は明快だからです。生きるため、生活を支えるため、生きがいを得るため、であることは誰でも知っています。日々の生活で澱《おり》のように溜まった精神的な疲れが、そうした単純なことを忘れさせてしまうのです。

そして、**人によっては、単純な問題を逆に複雑にしてしまいます**。余裕を失い、自分自身を見失い、仕事を辞めて自分探しの旅に出たりします。本当にやりたい「自分にとって理想の仕事」を見つけようとしてしまうのです。

でも、仕事に差なんてありません。どんな仕事にも多少の不満はあるし、当然、やりがいもあります。

デザインは、問題をシンプルにします。その仕事本来の楽しさを見直し、仕事することが生きている証《あかし》であることを確認しましょう。

徹底して休み、徹底して仕事を考える機会を作ります。仕事へのエネルギーをどう確保するかが、ここでのポイントになります。

★問題をシンプルにするデザイン

「働く目的を知りたい」

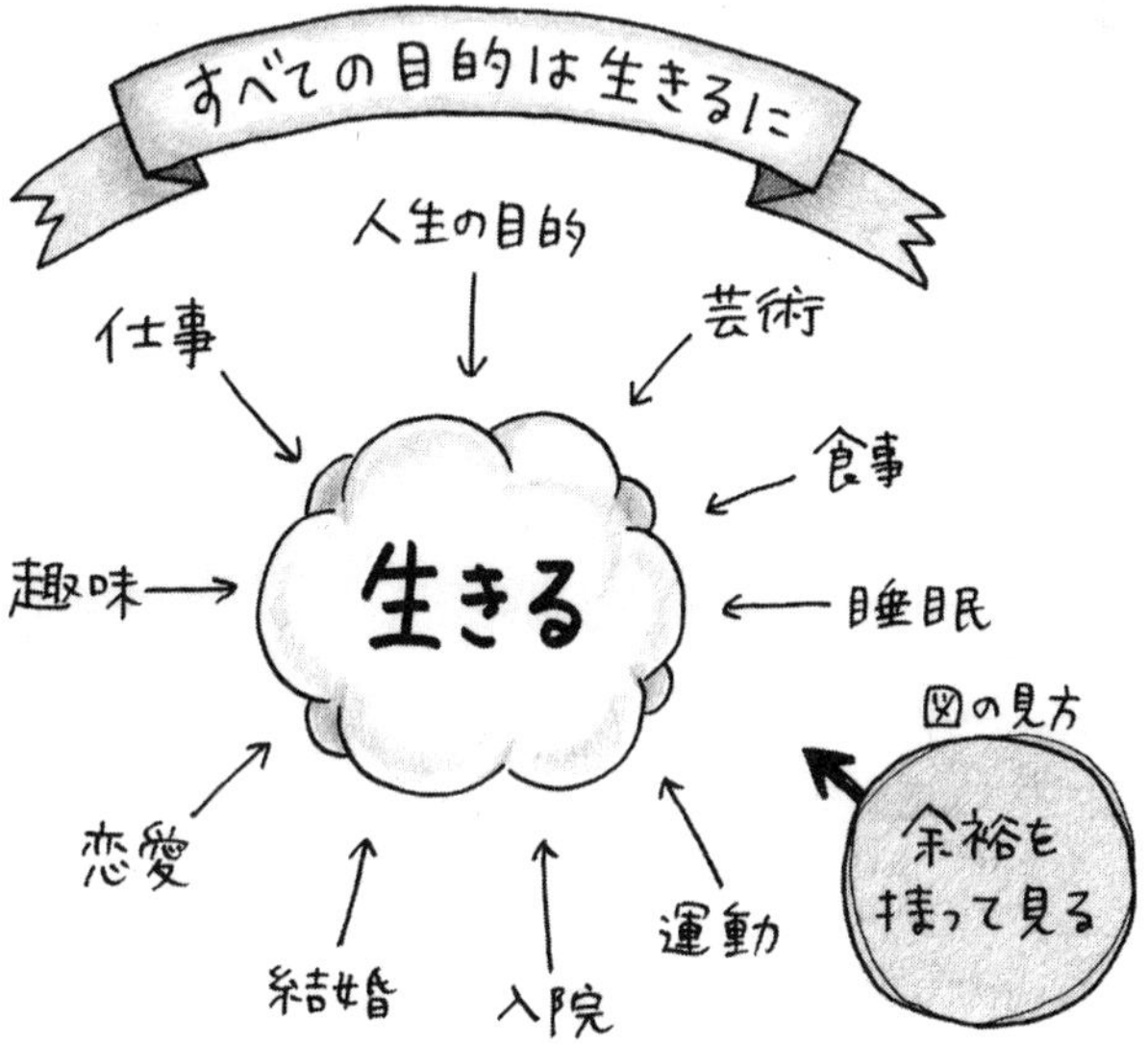
すべての目的は生きるに
人生の目的
仕事
芸術
食事
趣味
生きる
睡眠
図の見方
余裕を持って見る
恋愛
結婚
入院
運動

・仕事も恋愛も、その目的は「生きる」ためである。
このシンプルな図式こそ、目的を見失ったときに力を発揮する。

用語解説

シンプルな図式

図式化は情報デザインでは大切なファクターになっています。ダイアグラム（図表化）と同じです。図式化するときの注意は、伝えたいものがストレートに相手に届くようにするために、エレメント（素材）を極力少なくすることです。無駄なエレメントは、他のメッセージに転化しやすいので省略します。これはデザイン技法におけるシンプルで、アートの様式におけるデコラティブ（装飾）に対するシンプルとは違います。

加わる

65　公園デビューしたい

社会には、どんな場所であれコミュニティがあります。自治会組織のような大きいものから、茶飲み友達グループといった小さいものまで、その種類はいろいろです。

そのコミュニティに加わるためには、それなりの手続きが必要になります。

通過儀礼的な要素を持つこの手続きは、けっしてルールがあるわけではありません。だから大変です。ルールがあればそのルールに従うまでですが、**ほとんどの場合、明文化されていない暗黙の慣習となっています。**

たとえば、近くの公園に集う母親グループに加わりたい場合を考えてみましょう。いわゆる、「公園デビュー」ですが、まずはその慣習がどうなっているのか、調べることから始めます。そして、ある程度、慣習がわかれば、あとは勇気を出してあいさつするだけです。

ここで注意したいのは、デビューだけで終わらせないことです。**デビュー自体に大した意味はないのです。** **肝心なのは、そのコミュニティでいいつき合いをしていくことです。**

デビューから先は、つき合いの原則が必要になります。そのルールを自分で作ることから本当の関係作りが始まるのです。

★オープニングセレモニー

「私も仲間に入れてほしい」

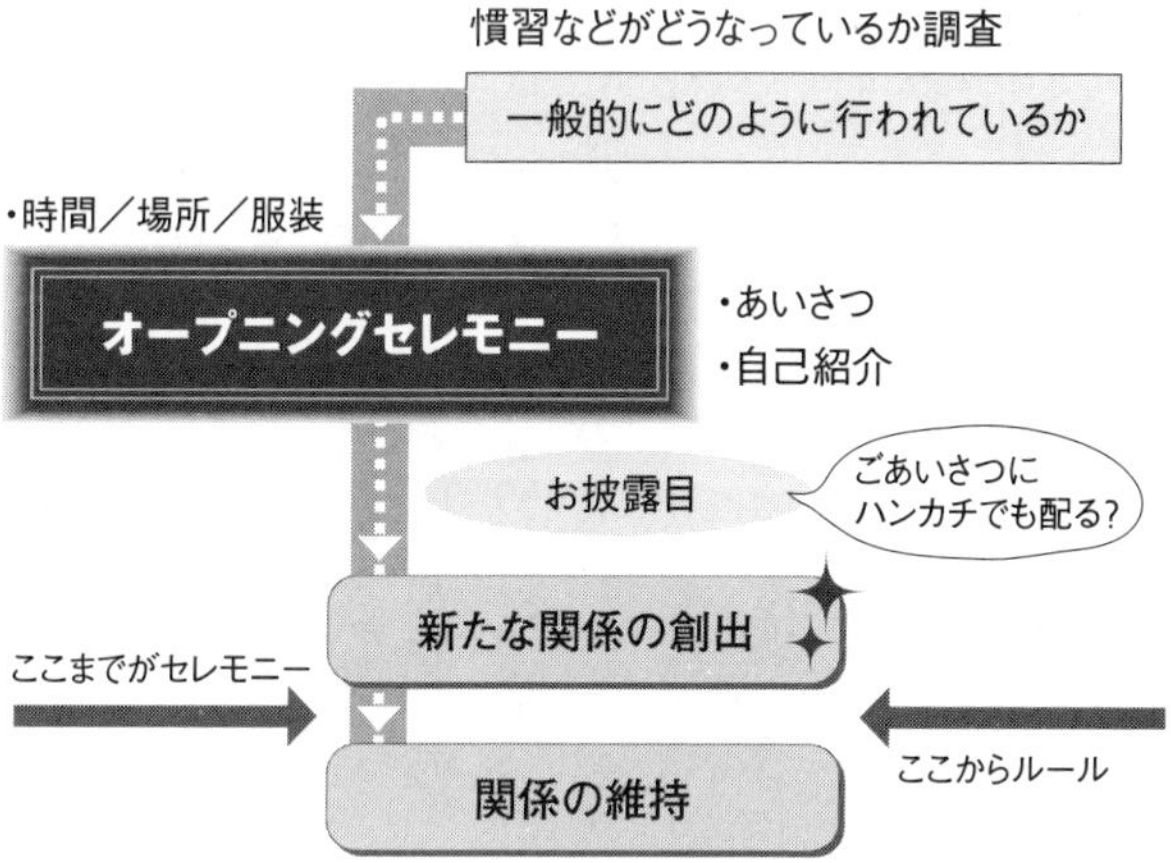

慣習などがどうなっているか調査
一般的にどのように行われているか
・時間／場所／服装
オープニングセレモニー
・あいさつ
・自己紹介
お披露目
ごあいさつに
ハンカチでも配る?
新たな関係の創出
ここまでがセレモニー
関係の維持
ここからルール

1. 3カ月の間は人の会話には立ち入らない。
2. 人の話をよく聞くようにする。
3. 少しずつ親しさを増すようにする。
4. 接近しすぎると素の部分でぶつかるので注意する。
5. 可能なかぎり中立を保つ。
6. けっして人の悪口を言わない。

よろしくおねがい
しまーす

・既成の集団に参加するには、何がしかのセレモニーが必要となる。
問題は関係を維持することである。

用語解説

オープニングセレモニー

どんなことでも、始まりがあります。関連する人にできるだけよい印象を残すことで、今後の展開がスムーズになります。オープニングセレモニーは一種のあいさつであり、知名度や認識度を深めるのにしばしば採用されます。商店で言えばオープン記念セールみたいなもので、今後のご愛顧へのお願いが込められています。そのセレモニーをどのように演出するか、イベントとサービスの両面から企画を行います。

66　ボランティアに興味がある

準備の重視

人は「助け合う」生き物です。本来、一人では生きていくことができません。人類誕生から今日にいたるまでずっと、人は協力し合って生きてきました。

だから、ボランティア活動に興味を持つことは、とても自然なことなのです。

当然、それは無償《むしょう》の奉仕であり、対価を求めるものではありませんが、自分自身が喜びを得て成長するので、それが対価だと言うことができます。

ただ、無償の奉仕だからといって、無責任な行動はまわりの人の迷惑です。また、いい加減な気持ちで参加すれば、あまり達成感も得られません。

そこで、ボランティアを始めるに当たっては、参加する団体の主旨の理解、ボランティアとして行動する現場の状況把握、そして、最低限の生活用品の調達など、情報収集と物品の準備が必要になります。

デザインが成功するかどうかは、何よりもその準備にかかっているのです。

そして、いちばんの準備は、自分がどうしてボランティアをしたいのか、その動機を明確にすることです。心構えが決まれば、行動に迷いがなくなります。

★準備の重視

「ボランティアを始めよう!」

準備する

いつでもやる覚悟を決める。

人類は太古より助け合って
生きてきた。

まずニュースを収集する

災害／施設・団体／世界

力を貸す

ボランティア団体

NPOなどの団体に
所属するのもいい。

困っている人がいれば助ける。
これがボランティアの基本である。

復旧活動

皆で力を合わせることの
意味を知る。

目的

喜び

相手が喜ぶのを見て
自分も喜ぶ。それが
唯一の対価である。

・準備することでその結果に大きな影響を与えることがある。
特に中途半端にやってはいけないものの準備は怠らないことだ。

67　飲み会で人見知りする

初対面の人と出会ったとき、いきなりペラペラしゃべり出せる人と、人見知りしてしまう人がいます。なぜ、人は人見知りをしてしまうのでしょうか？

それは、**見ず知らずの相手に、これまで作り上げてきた自分のテリトリーを侵されるのがイヤだからです**。恐怖心からくる警戒心とも言えます。

人は、無意識に自分と似たタイプの人間を好むものです。そういう相手には、心を開きます。逆に、まったく自分と異なるタイプの人間とは、少なからず距離を置きます。

ある程度、相手のことがわかってくれば、相手がどちらのタイプなのか判断がつきますが、最初のうちは情報がないのでそれも無理です。

実は、ここではっきりと差が出ます。**情報がないので、積極的に話して情報を得ようとする人と、情報がないので、諦めて口数が少なくなってしまう人に分かれるのです**。

もしも人見知りをなくしたいと思っているなら、他人に対する興味をより強く持つことです。それは、他人に対する好奇心です。自分と似たタイプかどうかは関係ありません。どんな相手でも「人間は面白い！」。この発想が人見知りを直します。

★アート志向とデザイン志向

「人見知りから人好きへ」

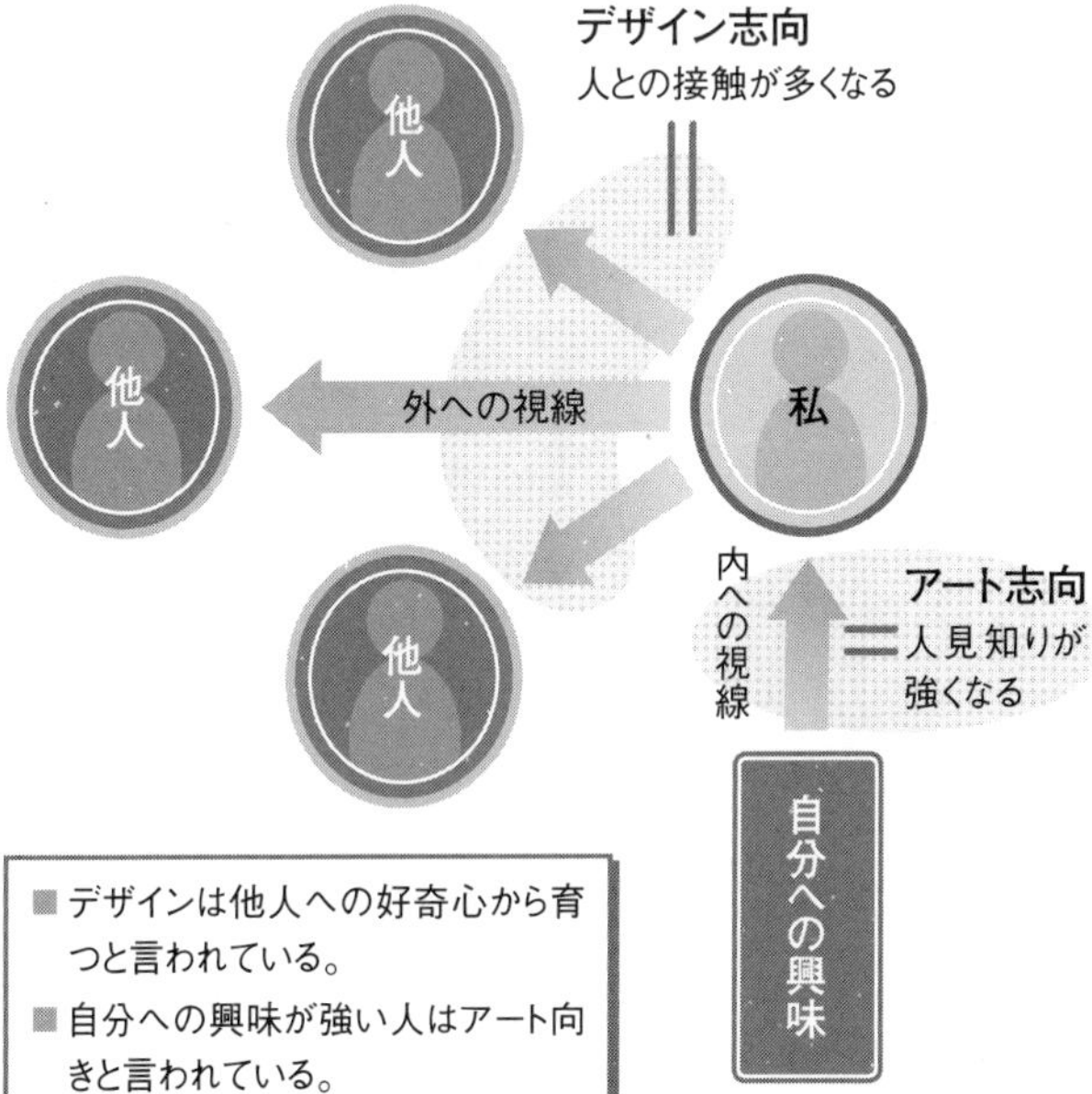
デザイン志向
人との接触が多くなる
他人
他人
他人
外への視線
私
内への視線
アート志向
人見知りが強くなる
自分への興味

■ デザインは他人への好奇心から育つと言われている。
■ 自分への興味が強い人はアート向きと言われている。

・自分への興味を強く持っている人は、アート志向が強く人見知りが激しくなる。外に目を向け、人に興味を持つ。これがデザインの基本である。

用語解説
好奇心

はじめて体験するような珍しいものごとなどに対する興味のことです。デザインでは、創造的活動の根源となる感情を指しています。はじめてのものに出合ったとき、人は二つの反応を見せます。好奇心と恐怖心です。人見知りの人は恐怖心が先にくるため、自分を防御する行動に出ます。まずは何にでも興味を持つことです。好奇心が、学問などの探究心へとつながっていきます。

68　幹事が苦手

自分にはリーダーシップがないと思っている人は、幹事役を嫌います。自分なんかに仕切ることはできない、そう感じてしまうのです。しかし、そうはいっても、持ち回りなどでいきなり自分に幹事役が回ってきてしまったら、どうすればいいのでしょうか？

その場合、イベントをどうデザインするかという視点で、幹事としての仕事（進行管理役）を考えてみましょう。

基本的なことは、全体を常に意識することと熱意、そして誠意です。たとえ、少しばかり段取りが悪くても、熱意を持って誠実にやれば、大半の人は満足してくれます。

また、「幹事が苦手だ→だから嫌い」と思うのではなく、**「これはイベントの勉強だ→だから頑張ろう」**と思うくらいの心構えも必要になります。

余談ですが、よく幹事をやっている人は、周囲から、「アイツは幹事がはまり役で、自分でも好きなんだ」と思われます。しかし、実際は責任感から仕方なくやっている人もいるのです。そういった想像力を忘れてはいけません。

飲み会では、誰でも進行を気にすることなくゆっくり酒を飲みたいものです。

★進行を管理する

「幹事をやってイベントを勉強しよう」

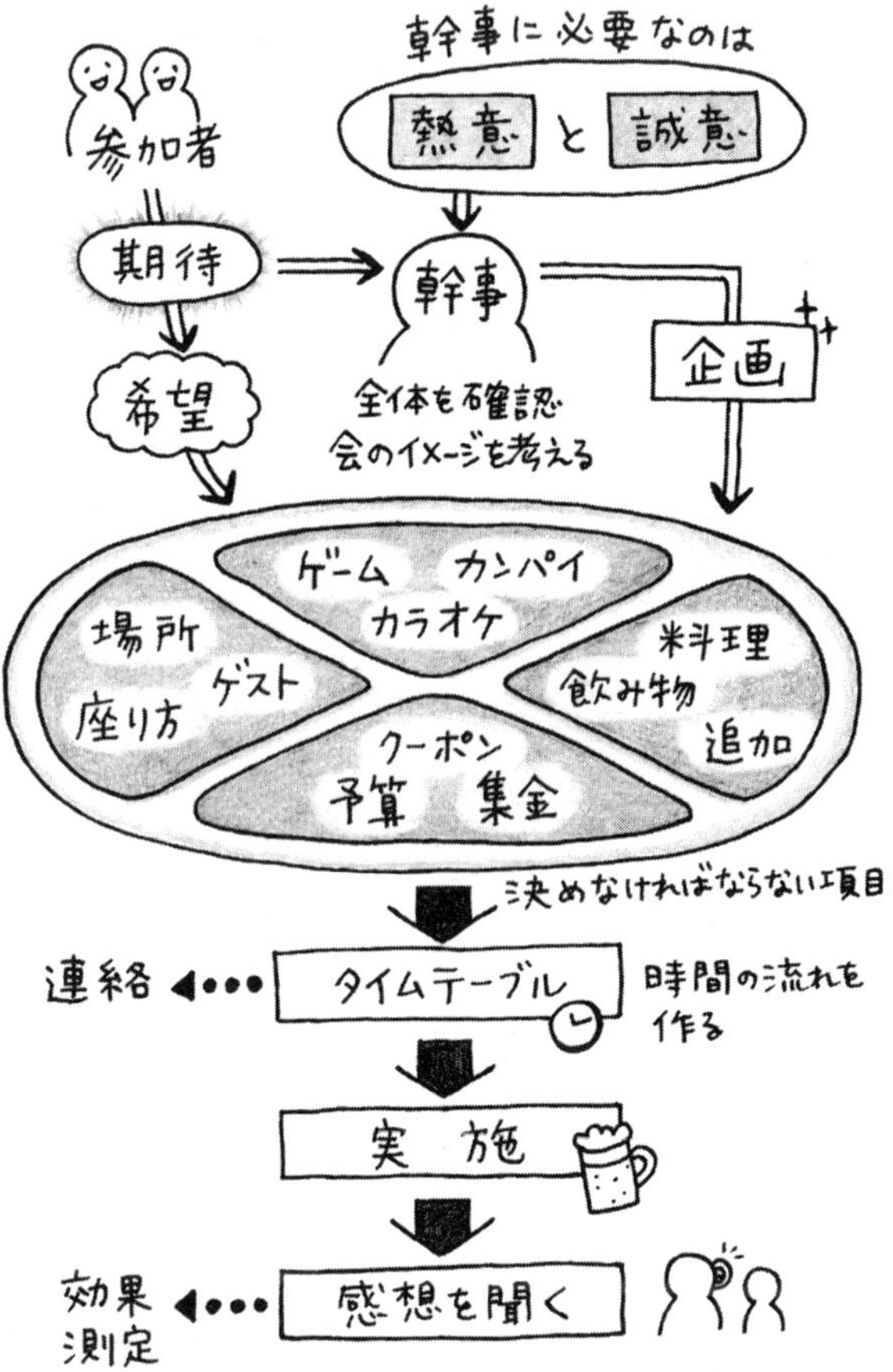
幹事に必要なのは
熱意と誠意
参加者
期待
希望
幹事
全体を確認
会のイメージを考える
企画
ゲーム
カンパイ
カラオケ
場所
ゲスト
座り方
料理
飲み物
追加
クーポン
予算
集金
決めなければならない項目
連絡
タイムテーブル
時間の流れを作る
実施
効果測定
感想を聞く

・幹事の仕事は全体をイメージし、その枠の中で収めることである。
幹事というのはうまくいって当たり前。人から感謝されることは少ないが、得るものは大きい。

69　何とかして、グループから抜けたい

自分の所属する組織から抜けるに抜けれず、ズルズルと過ごしてしまうことがあります。日本では長い間、村、隣組《となりぐみ》、五人組《ごにんぐみ》、町内会、自治会、青年団といった、地縁や血縁による強固な結びつきの組織が発達してきました。それらはどれも団結力があり、脱落や脱退を簡単には許しません。脱退する者にはリンチが加えられることもあれば、村八分《むらはちぶ》になることもありました。

現在でも、日本人は組織から抜けるのを嫌います。それは、契約によってつながりが明文化されている欧米とは違い、日本人が理より情、個人より集団を優先させてしまうからでしょう。なので、無難にグループから抜けるためには、かなり周到な準備が必要になります。

ここで役に立つのが、日本人が得意とする「根回し」的な発想です。

まず、辞めても仕方ないと判断されるような理由作りが必要です。そして、その理由をあらかじめリーダー役に相談という形で伝えておくのです。

また、自分が辞めたあともつき合いを続けていきたいという「提案」が説得のコツになります。グループを抜けたら一生会わないというのはさみしいですから。

★説得の技術

「グループを上手に辞めるために」

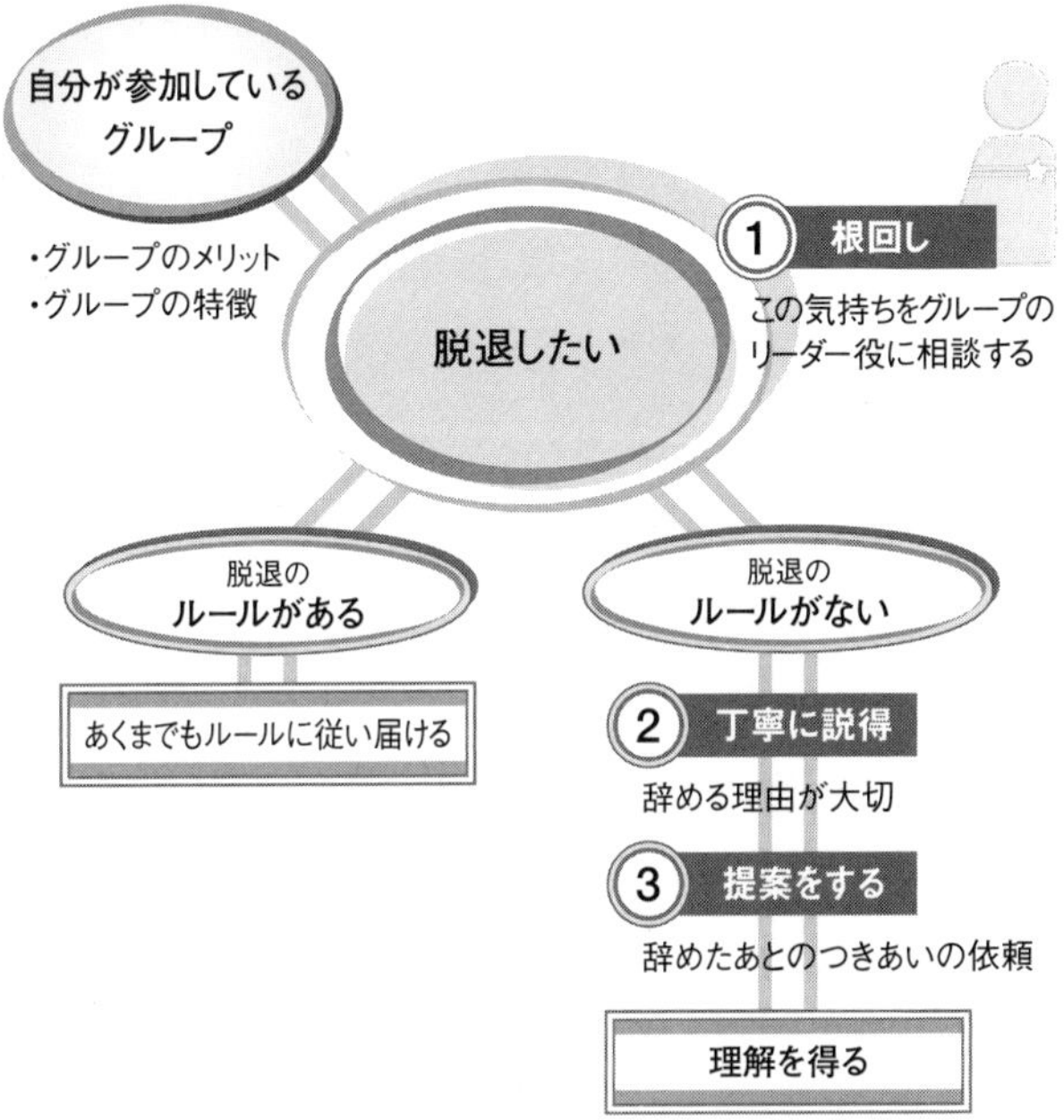
自分が参加している
グループ
・グループのメリット
・グループの特徴
脱退したい
1 根回し
この気持ちをグループの
リーダー役に相談する
脱退の
ルールがある
あくまでもルールに従い届ける
脱退の
ルールがない
2 丁寧に説得
辞める理由が大切
3 提案をする
辞めたあとのつきあいの依頼
理解を得る

・ルールがあれば、それに従うだけでいい。ない場合は、周到に準備し、相談する相手をまず選び、焦らずに説明を行っていく。

用語解説
説得力

説得力とは、相手が持っている考え方を変えさせるくらいの力のことです。説得の相手はあくまで人間。理屈を通して議論に勝っても反感を買ったらおしまいです。説得技法は三つ。もっともよく使われるのが功利的説得です。利益がどのように得られるか、その道筋をきちんと説明します。次が理性に訴える規律的説得。正しさを前面に押し出します。最後が感情に訴える情緒的説得。努力と誠意を徹底させます。

つながる

70　五分に一度はケータイを確認してしまう

携帯電話は便利な道具です。いつでもどこでも、相手とつながることができます。便利なものには依存《いぞん》してしまいます。ましてや、人とのコミュニケーションは生活の中心なので、携帯を利用する頻度は高くなります。ここまで浸透してくると、すでに体の一器官になってしまった感があります。一種の中毒と言ってもよいでしょう。

便利なもの、あるいは機能的なものの登場によって、これまであった感覚や機能が失われてしまうことがあります。**携帯の発達で失われたものは、相手が何をしているか想像すること、つまり想像力です**。

昔は固定電話だったので、「いつでもどこでも」というわけにはいきません。だから、待ち合わせも、時間と場所をしっかり決める必要がありました。相手が来ない場合、「もしかして（自分が）時間を間違えた？」「相手に何かあったのでは？」と不安になり、いろいろと想像します。今だったら、メールを打って送信、で終わりです。

五分に一度、携帯を確認するのは、さみしいからではありません。ただの中毒なのです。

この中毒からの脱却には、人を想う昔の方法に返ることです。

★想像力を取り戻す

「携帯を切って人を想ってみよう!」

① 携帯に頼らない時間の設定

昼間の2時間、携帯をOFFにする

⇓

親しい人が今何をしているか想像する → メモする ▶ 後で確認

⇓

親しい人が何色の服を着ているか想像する → メモする ▶ 後で確認

⇓

今日の夕飯が何かを想像する → メモする ▶ 後で確認

② メールの返事を手紙でする

⇓

大事な人からのメールの返事を手紙でしてみる

③ メールは決めた時間に見る

⇓

メールのチェックは2時間おきと決める

予測される効果
・携帯が気にならなくなる。 ・想像力が増す。 ・テレパシーが使えるようになる。

・人のことを想うことによって、
想像力、イメージ力を養うことができる。

71　他人《ひと》と比較してしまう

人は、常に他者を意識し、比較して成長してきました。自分の存在を明らかにするために、他人と比べてきたのです。しかし結局、比較することは自分を知る有効な手立てにはなりませんでした。他人との違いがわかったところで、そこには何の意味もなかったのです。

あなたはあなたなのであって、あなた以上でもあなた以下でもありません。あなたという価値は、比較から生まれてくるものではないのです。

デザインの仕事を続けていくとき、「他人と比較しない」ということは自分がプロとしてやっていくための基礎になります。

他人の作品、他人の考え方、他人の動向はどうしても気になります。気にしてもいいのですが、それによって「他人は優れている。自分はダメだ」という自己否定につながる場合が多いのです。自分の欠点だけが浮き彫りになります。

一流の人は、あまり他人のことを気にしません。他人のいいところは学ぶだけです。

基本は、比較しないことです。どうしても比較してしまうときは、自己否定に陥らない「正しい比較の方法」を行いましょう。

★オリジナリティ

「他人とむやみに比較しないために」

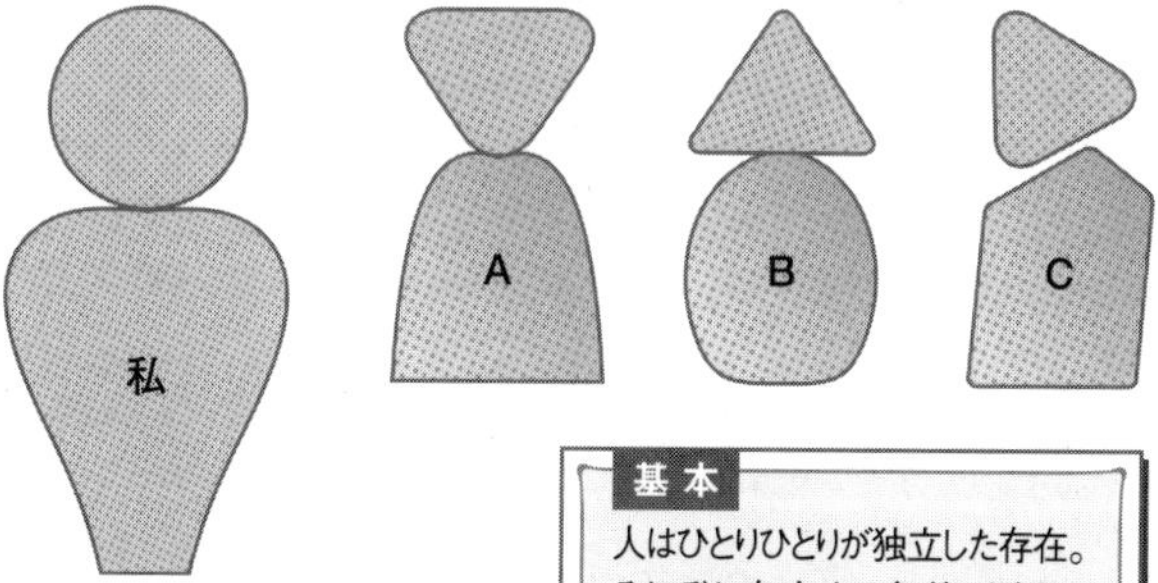

基本

人はひとりひとりが独立した存在。それぞれ存在する条件が違うため、比較するのが難しい。

正しい比較の方法

- 共通点を探す。共通する部分を10以上ピックアップする。
- 自分のセールスポイントを10以上ピックアップする。
- 自分に不足しているものを学ぶ。
- 改めて自分の夢と目標を確認する。

・どうしても他人と比較してしまうときは、まず共通点から見ていく。他人に優れた点があれば、学ぶか真似る。うらやましがることはない。

用語解説

オリジナリティ

オリジナリティとは独創性や創造力、斬新さや奇抜さを指しています。しかし、人と違えばいいと思って突飛なことをすることがありますが、オリジナリティはそういうことではありません。その人にしか作れないとか、その人にしかないもの、といった意味が強いのです。人には類似点もありますが、その人自身がまったく独自の人格なのであって、存在そのものがオリジナリティと言えます。つまり誰にでもオリジナリティがあるのです。

72　友達が少ない

友達は、自分のことを理解してくれる人生のかけがえのない仲間です。人生の転機に友達が果たす役割は思う以上に大きいのです。

その友達が少ない——一般的には、さみしいことかもしれません。

しかし、友達は多ければ多いほどいいといったものではありません。極端に言えば、**たとえ友達が一人しかいなくても、その人とクオリティの高い関係を築いていれば、他に友達を持つ必要はないのです。**

友達の数は何人が最適か、といった数字を出すことにまったく意味はありません。それは、その人の必要性によって決まる問題です。おそらく、**友達が少ないと感じている人は、現在いる友達では満足できないのでしょう。**だから、数でつじつま合わせしようとするのです。

数ではなく質的な関係が欲しいのだとすれば、友達作り（リレーションシップ）の内容は、人との距離感の設定、ならびに連絡の頻度の設定を重視したものになります。

たとえば、本音が言える友達と半年に数回話すと決めたら、そのための計画を立て（連絡の手段は？　会う場所は？）、それを確実に実行するのです。

★距離感のデザイン

「友達が欲しい」

●友達作りの設定条件●

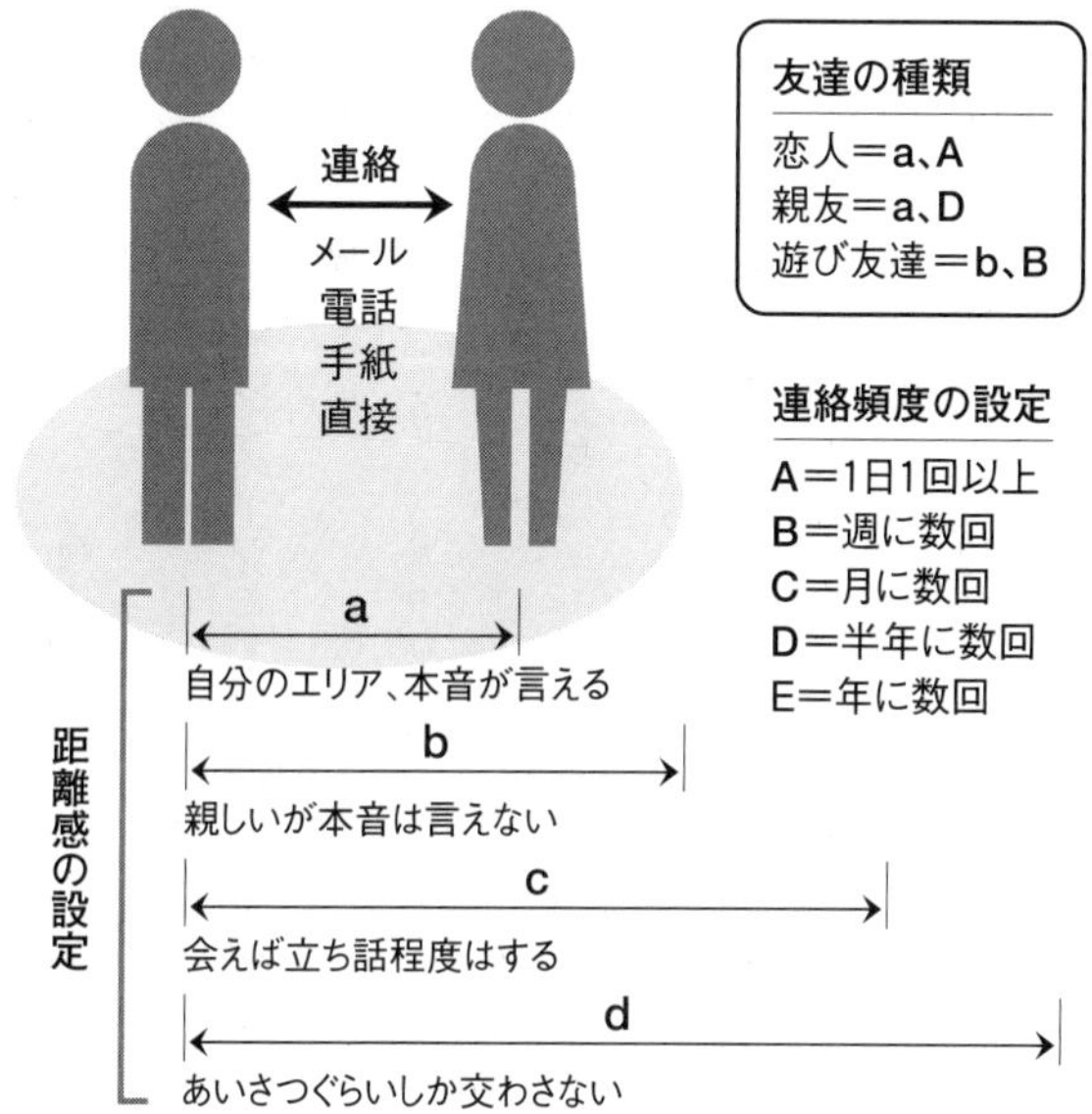

連絡
メール
電話
手紙
直接
友達の種類
恋人＝a、A
親友＝a、D
遊び友達＝b、B
連絡頻度の設定
A＝1日1回以上
B＝週に数回
C＝月に数回
D＝半年に数回
E＝年に数回
距離感の設定
a
自分のエリア、本音が言える
b
親しいが本音は言えない
c
会えば立ち話程度はする
d
あいさつぐらいしか交わさない

・友達といっても、どの程度の親しさを求めるかで種類が異なる。
明確な友達像があればコンタクトしやすくなる。

用語解説

リレーションシップ

マーケティング用語として「関係を作る」という意味で使われています。また、簡単に「つながりを作る」とも言います。企業が事業を展開していくとき、流通部門や顧客との関係がよりよいものでなければ、スムーズな企業活動を行うことができません。関係には、相互依存（互いに頼り合う）、相互作用（互いに影響し合う）、互恵関係（互いにメリットになる）、長期的関係（一時的ではなく長い関係）が基本にあるとされています。

73　会話が続かない

会話がうまくない人は、話がブツ切れになる傾向があります。

話を連続させるコツは、イメージです。**頭に、言葉ではなく映像を浮かび上がらせることがポイントになります**。

実はこれ、簡単そうですが、左脳型人間には案外難しいのです。左脳は、言語や論理機能をつかさどるところです。つまり、言葉や理に頼ることが多い男性は、本来、会話が苦手だと言えるでしょう。一方の女性は、一般的に話し好きです。女性は言葉や理ではなくイメージでしゃべっていると言われています。つまり、右脳型人間です。

ということは、**会話が続かないのは話題がないからではなく、イメージ力が貧困だからなのです**。そのイメージ力は訓練で習得できます。イメージを関連させ、発展させるデザイン戦略があれば解決するのです。

たとえば、最近見た映画から自分が主人公の冒険旅行を連想したとします。ふだんだったら、そういった連想はありえないと理屈でストップをかけてしまうところをグッと我慢し、さらに拡大させ、イメージで会話を続けていきましょう。

★会話力はイメージ力

「会話はイメージから生まれる」

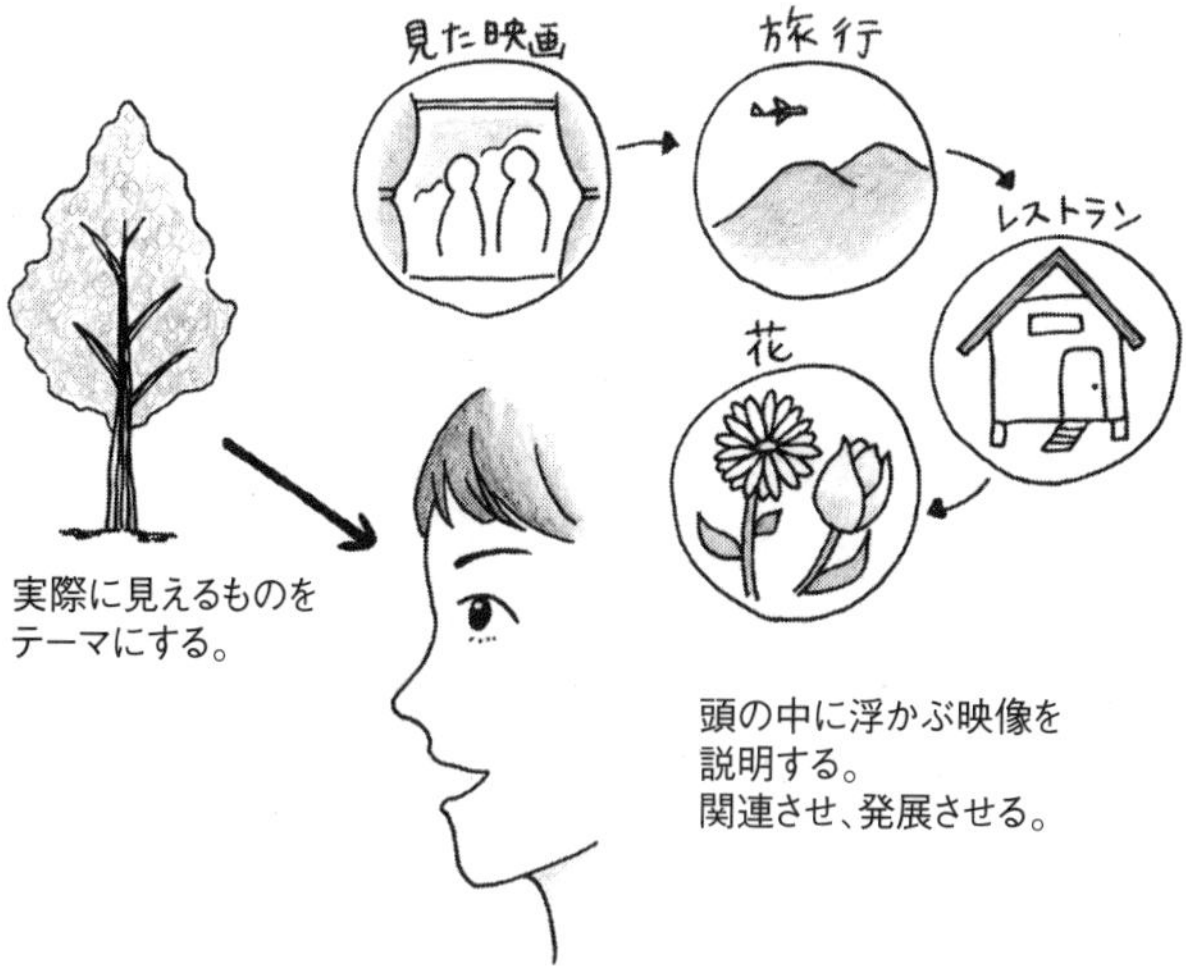

見た映画
旅行
レストラン
花
実際に見えるものをテーマにする。
頭の中に浮かぶ映像を説明する。
関連させ、発展させる。

言葉を思い出すのではなく、情景を思い出すようにする。

・基本的には、相手が言った言葉をヒントに、頭にイメージを浮かべ、それを説明するように話をする。

用語解説

連想

連想とは、一つのイメージをもとに別のイメージを思い浮かべることで、デザインでは発想力を形作る重要なファクターになっています。柔軟性がないと一つのイメージにとらわれ発展していきません。英語ではassociationであり、交際とか協会といった意味もあります。連想によって交際が成立していることを示しています。つまり、お互いに連想し合えることが強い関係に発展すると言えるのです。

74　メールの真意がつかめない

電車に乗ると、誰もが一心不乱にメールを打っています。そこまでして何を伝えたいんだ、と思ってしまいますが、メールが便利なコミュニケーションツールであることは間違いありません。実際、私も使っています。

ただし、使い方には十分な注意が必要です。メールは、日常のちょっとしたことを知らせるのに抜群《ばつぐん》の威力を発揮しますが、**複雑な気持ちを伝えるためには、あまりふさわしいツールと言えません**。一文が短いので、意味が極端に強く聞こえたりします。

たとえば、「(これからはメールをいっぱい出すから) キミとはもう話さない」と書いたとしても、相手に「私とは話したくないのか……」と解釈されてしまう危険性があります。こういった食い違いが頻繁に起こるため、メールで深刻な内容を伝えるのは避けたほうがいいと言われています。もっともなことです。

メールの真意をつかみたいなら、**送られてきたメールの語尾に別の (ポジティブな) 言葉をつけ足して読むようにしましょう**。相手が無意識に省略した文章を補うという方法がもっとも簡単で、心理を読む練習にもなります。

★心理の読み方

「相手のホントの気持ちは何?」

例.

◘ 原文

「キミがこの前言ったこと。
あまり気分になれないな。
キミがスキにすれば〜。」

◘ 省略したと思われる語句を補う

「キミが6日前に送ってくれたメールで言ったこと。
週末に海に行こうという提案だけど、
今、いろいろあって、あまりその気分になれないな。
行きたい気持ちはいっぱいだけどね。
だから、今回はキミがスキに決定すれば、
それに従うよ。ごめんね。」

◘ 追加するといい語尾

〇〇〇〇〇〇〇（だといいなぁ!）

〇〇〇〇〇〇〇（かもしれないよ。）

〇〇〇〇〇〇〇（だけど、よろしくね。）

・この3つのフレーズは、メールの真意というより、ものごとをいいほうへ持っていく効果がある。

用語解説
省略と誇張

絵の表現には二つの重要な基本があります。省略作業と誇張作業。表現はこの作業のくり返しでできあがっていきます。省略は、それがなくてもわかるものを削除することです。たとえば、顔で目を一つ省略しても、その人は十分見分けられます。誇張は、それが持っている特徴を大きくし強調します。たとえば、腕力が強い人の腕を巨大に描くと、腕力の強さが強調されます。特に省略は、シンプルなイメージを作るために欠かせません。

75　人との距離感がわからない

人は、他人とのつながりの中で日々を生きています。あるときは、孤独を感じて人の温《ぬく》もりを求め、またあるときは、干渉を嫌い独りになりたくなります。

ここでわからないのが相手との距離です。

遠くにいすぎるのはさみしいし、接近しすぎても束縛されているようでイヤ……。人との距離は物理的な距離と違います。きちんとした物差しがあるわけではありません。

この場合の距離とは、**自分が無意識に築いているテリトリーに入れるか入れないかのことです**。テリトリーとは、自分を安心して見せられる領域と考えるとわかりやすいかもしれません。

「人との距離感がわからない」というのは、「その人をどのテリトリーに入れればいいのかわからない」ということです。それは、人を見る目がないということと同じです。

自分のテリトリーを守りすぎて、臆病《おくびょう》になってはいけません。**自分のテリトリーの中身をビジュアルで意識すると、漠然とした感覚（距離感）が目に見える形で理解できるので、人とつき合いやすくなります。**

★抽象的概念の視覚化

「人との距離感を確かめたい」

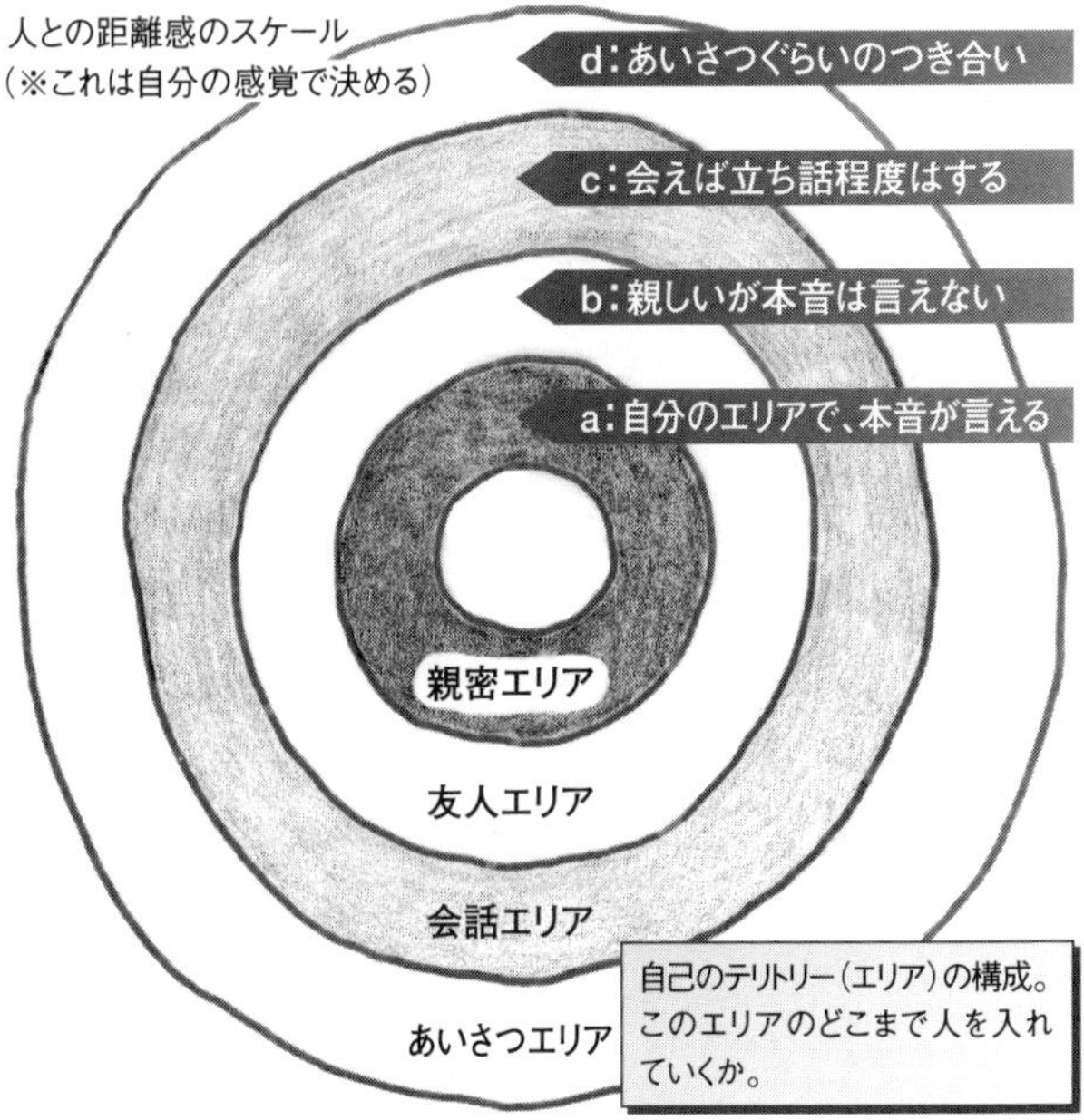
人との距離感のスケール
(※これは自分の感覚で決める)
d:あいさつぐらいのつき合い
c:会えば立ち話程度はする
b:親しいが本音は言えない
a:自分のエリアで、本音が言える
親密エリア
友人エリア
会話エリア
あいさつエリア
自己のテリトリー(エリア)の構成。このエリアのどこまで人を入れていくか。

・人との距離感は感覚的なものであり、自分のテリトリーに対しての感覚である。

用語解説
抽象的概念

抽象的というのは、具象的な形で表現することができない場合に使われる言葉です。概念は考え方。抽象的概念とは、具象で表せない考え、つまり気持ちや感情のことです。一見、わかりそうな言葉でも、よく考えると何を言っているかわからないことがあります。人との距離感は言葉で表現しづらい。こんなときは視覚化することで理解しやすいものにします。ちなみに抽象画は、心の具象画と言われています。

愛する

76　八方美人だと言われる

短所を長所に変える方法

八方美人だと言われる人の心理は、「嫌われたくない」です。けっして、みんなから好かれたいのではなく、誰にも嫌われたくないのです。

なので、どんな相手のどんな話にも相づちを打ち、愛想笑いを浮かべます。相手に合わせ、自分を無理に主張したりはしません。

その結果、みんなにいい顔をしていると思われ、信頼されない場合があります。お調子者と呼ばれることもあるでしょう。もともと、八方美人のイメージはあまりよくありません。

八方美人の人もそのことを自覚していて、できればそんな自分の性格を変えたいと思っています。しかし、無理して性格を変える必要はありません。

短所はけっして悪いこととは限りません。見方（アングル）を変えて、短所を生かす方法を考えます。

八方美人の人は、自分のやり方・考え方を無理に通そうとする人より、よほど平和的な人格の持ち主です。**どうでもいいことで争わない。それは、八方美人の特技です。**

だったらいっそのこと、進化した八方美人になってみてはいかがでしょうか。

★短所を長所に変える方法

「新しい八方美人を目指そう!!」

21世紀型八方美人
これまでのイメージ
どんな人にも愛想がいい
人に嫌われたくない
自分の主張がない
愛想笑いばかり
分けへだてなくつき合う
・広がる人脈
・情報の広がり
人が喜ぶことをする
・喜びの創造
・仕事への意欲
何ごとにも柔軟な対応
・柔軟性が個性
・新しいものの発掘
いつも笑顔でいる
・笑顔が生活の原点
・笑顔のコミュニケーション

・八方美人は、見方変えればすばらしい人柄である。
積極的な特徴をアピールするほうがメリットが多い。

用語解説

あいまい文化

日本の文化は、白黒をはっきりさせるのではなく、あいまいにするのが特徴と言われています。それは建築や美術にも表れています。たとえば、縁側（えんがわ）は雨戸を閉めると内側になり、開けると外と一体化する空間であり、内か外かは時と場合によって変化します。また、言葉にもイエスかノーかがはっきりしないものが多く、「まあまあ」「いやあ」といった言葉はどちらにも取れます。意味が深く含蓄があります。

77 敬語がうまく使えない

敬語はもちろん、敬意を表すための言葉づかいです。しかし、相手の年齢や役職が自分よりも上だからといって、それだけでは敬意はわいてきません。

すごい人格者や人生経験が豊富な人物、自分にはない技術や考え方の持ち主に出会ったとき、自然と相手に対して敬意がわいてきて、敬《うやま》う気持ちを伝えたくなります。自分がまだ若輩者・未熟者であることを自覚させられ、この人からいろいろと学びたいと思います。

しかし、そんなときに限って、とっさの敬語が出てこない。**へんてこりんな敬語を使ってしまい、自分の未熟さをさらに思い知らされることになります**。

敬語は、生活の中で自然に学んでいくものです。学校でも習いますが、そのときはあまり必要性を感じていないため、身につきません。

正しい敬語を身につけるための基本は、相手に敬意を払うことです。**そして、実際に使うことです**。敬語は単なる言葉づかいではなくマナーです。マナーは人とのコミュニケーションを円滑《えんかつ》にします。

相手を敬う謙虚さが、敬われる自分につながっていくのです。

★敬語マスター術

「敬う自分、敬われる自分になろう!」

まず認識すること

◆マナーはすべての基本◆

敬語はマナーの一種。
マナーは人格の一部であり、
コミュニケーションを助ける。

敬語を使う自分

↑

敬語を覚える
本／上司

↑

敬語が使われている
場／映画／本

＊年配者に言葉づかいを
聞くのも大切な方法

敬える年長者を探す

・敬語を使ってみる

敬語の意味の確認

・相手を敬う気持ち
・謙虚さを養う

その結果、吸収力を得る

・人の言うことに耳を貸す
ようになり、吸収力が増す

➡ 敬語は、使わなければ身につけることができない。
そして、敬語を使うことによって得るものは大きい。

用語解説
敬語

敬語は年長者だけではなく、商売相手や見知らぬ人に対しても使われます。ときには相手を見下すときにも使われます。東アジアで発達し、ヨーロッパではそれほど発達しませんでした。敬語には尊敬語（相手を敬う言い方）、謙譲語（自分がへりくだった言い方）、丁寧語（丁寧な言い回し）の三種類があります。デザインの制作物においては、謙譲語は少なく、尊敬語はお得意さまに対して使われ、その他は丁寧語がよく用いられます。

78 人の好き嫌いがはげしい

人づき合いには好みが出ます。仕事であれば、苦手な人、嫌いな人の相手もしなくてはなりませんが、プライベートでは、気の置けない仲間と楽しい時間を過ごしたいものです。

しかし、好みだけで人づき合いをしていると、いずれ偏ってきます。みんな同じような環境、性格、考え方の持ち主なので、**たしかにコミュニケーションは楽ですが、自分の世界はだんだんと狭まっていきます**。これは、大きなデメリットでしょう。

実際は、自分が嫌い、もしくは苦手だと思っている人たちの中にも、親しくなれる人はたくさん存在するのです。はじめは、どこか気に入らない人だと思っていたけれど、接していくうちにいい人だと思うようになった――そんな体験があなたにもあるはずでしょう。

何の得にもならない「食わず嫌い」の人間関係は、もうやめにしましょう。

ただ、並大抵のことではこれは変えられません。

ここでは、デザインでもかなりの力を要する、C．I．S．（コーポレート・アイデンティティ・システム）が効果的です。これは、自分のアイデンティティを確立する作業が中心になります。好みに左右されず、多くの人たちと交流する、「新しい自分」を作るのです。

★アイデンティティの再構成

「自分にC.I.S.を導入しよう」

パーソナル C.I.S.

C＝コーポレート　I＝アイデンティティ　S＝システム

（目標）　新しい自分　多くの人と交流する自分

準備

- 自分の略歴をチェックする
- 自分の交際の歴史をチェックする
- 自分の性格を分析する
- 自分の夢を整理する

→ シンボルマーク

キャラクターでもよい。親しみやすさと印象を強める。

- 自分の色を決める　「・メインカラー（1色）とサブカラー（3色）を制定する。」
- 自分のキャッチフレーズを作る　「・多くの人に自分を覚えてもらうためのフレーズを作る。」
- 交際ルールの設定　「・多くのジャンル、年代を代表する人達と交流し、自分にないものを補う。」
- 夢実現へのプログラム　「・夢を作り、その実現のための計画を立てる。」

→ 理想の自分

・理想の自分を作るには、いろいろな人と交流する必要がある。
好みに関係なく接触することが自分にないものを補う。

79　異性とうまく話せない

異性を前にすると、何を話していいのかわからない。いつもの自分が出せない……。

異性とうまく話せないという人は、子供の頃から、異性との接触が少なかった人に多いようです。たとえば、兄弟に異性がいない男子校・女子校出身の人は、どこかで一度はこういった悩みを持つものです。

この問題の解決法は一つしかありません。**とにかく、異性と話す機会を増やすことです。**ほとんどこれは慣れと言ってもいいでしょう。

要は、心の奥にある異性に対する意識が強すぎるのです。大切なのは、異性は特別な存在ではないということを、場数を踏んで、体で覚えることです。

ただし、場数を踏むといっても、やみくもに異性と話をすればいいというわけではありません。ここでは、相手を知るための戦略が必要になってきます。

相手を知るための戦略はいくつかありますが、基本は「相手の話を一生懸命に聞く」ことです。聞き終えたら、感想や疑問を述べてみましょう。

自分の考えを言うのは、常に相手の話を聞いたあとにするのがルールなのです。

★相手を知るための戦略

「異性との会話を楽しんでみよう」

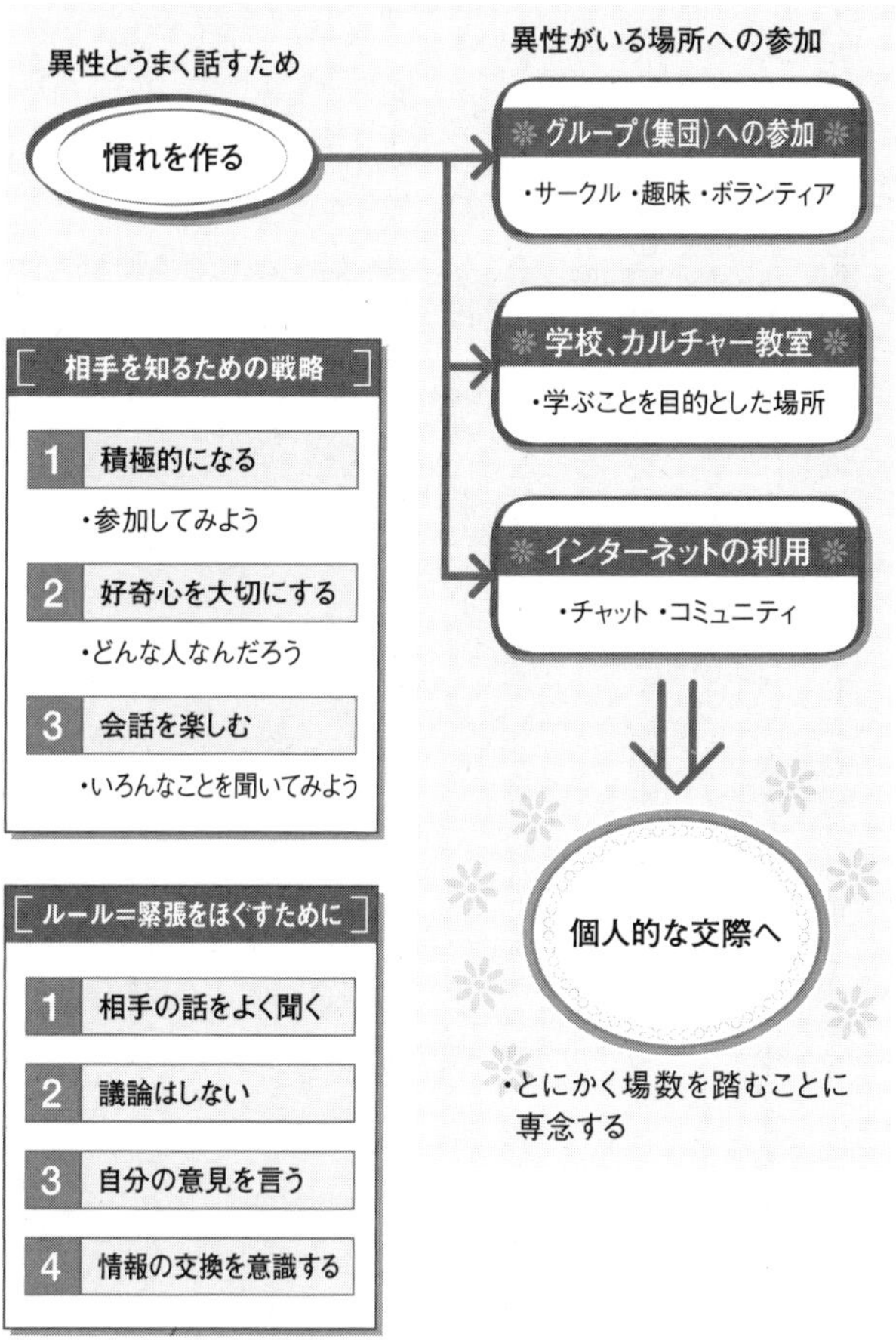
異性とうまく話すため
慣れを作る
異性がいる場所への参加
グループ(集団)への参加
・サークル ・趣味 ・ボランティア
学校、カルチャー教室
・学ぶことを目的とした場所
インターネットの利用
・チャット ・コミュニティ
個人的な交際へ
・とにかく場数を踏むことに専念する
相手を知るための戦略
1 積極的になる
・参加してみよう
2 好奇心を大切にする
・どんな人なんだろう
3 会話を楽しむ
・いろんなことを聞いてみよう
ルール=緊張をほぐすために
1 相手の話をよく聞く
2 議論はしない
3 自分の意見を言う
4 情報の交換を意識する

・会話は雑談が基本。会話を楽しむ余裕を作ることが大切であり、極度の緊張は不必要である。

80　恋人ができない

人との出会いは人生における奇跡です。なかでも、恋人との出会いは奇跡中の奇跡。そんな出会いが簡単にあってはいけないのです。

そうは言っても、やはり恋人は欲しいもの。雑誌を見渡せば、「出会える方法」や「恋人の作り方」といった特集がすぐに見つかります。

実は、恋人ができない理由はとても簡単です。それは、奇跡が起きないからです。

そして、さらに言えば、奇跡は勝手に起きるものではなく、自ら起こすものなのです。起こすことができるなら、それは奇跡ではないと言われそうですが、恋人との出会いが奇跡であれば、やはり奇跡は起こせます。

それは、人に対して幅広い興味を持つことから始まります。その興味が人に対する感度を高め、やがてその中から、「この人だ！」というヒットが出現するのです。

もちろん、そこから先、実際につき合うまでが大変なのですが、**少なくとも出会いがなくて恋人ができないと思っている人は、まずはピンとくる異性と出会うことです。**

奇跡は「意識」から生まれるのです。

★奇跡の起こし方

「出会えることを信じることから始めよう!!」

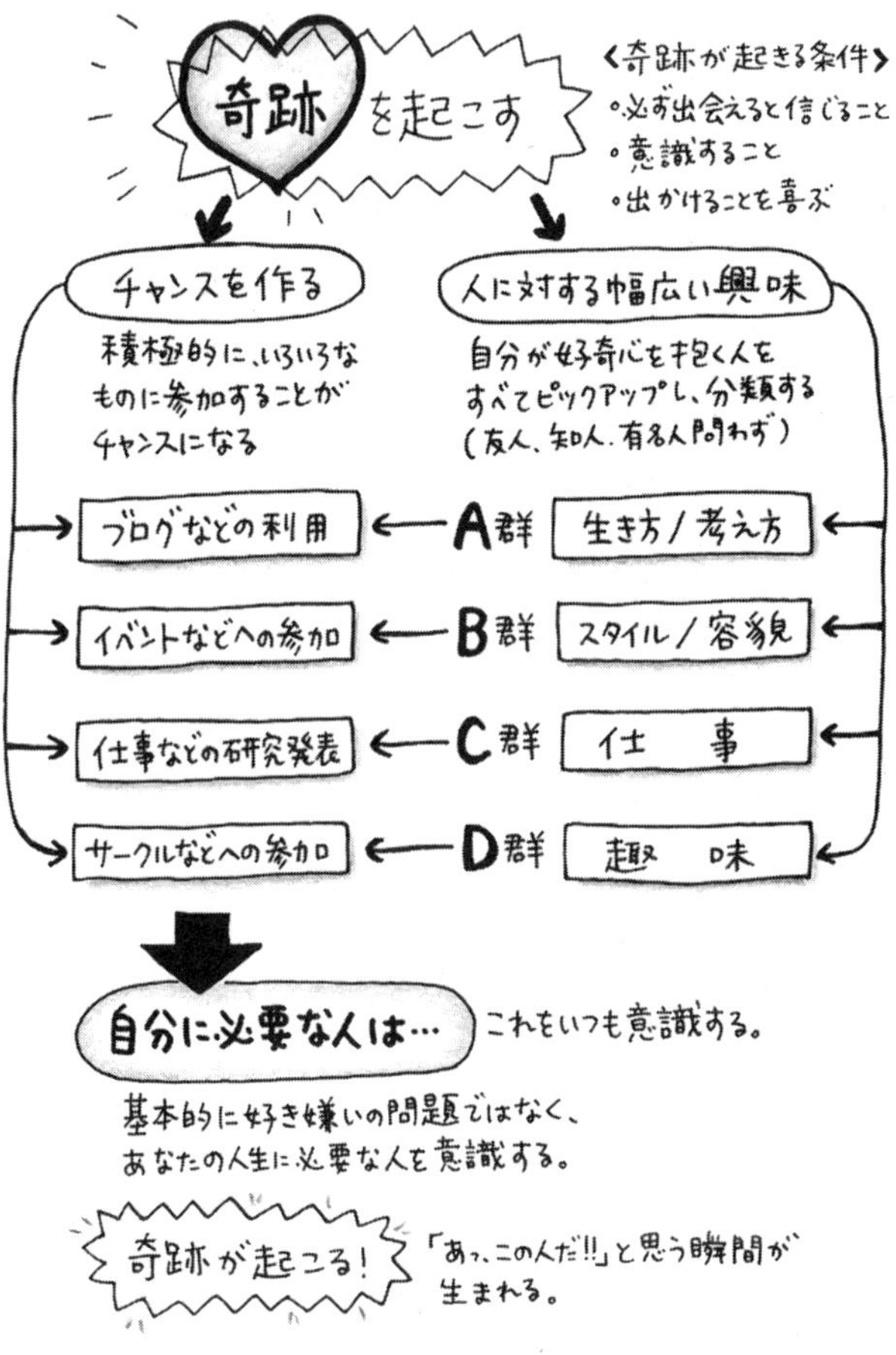
奇跡を起こす
<奇跡が起きる条件>
。必ず出会えると信じること
。意識すること
。出かけることを喜ぶ
チャンスを作る
積極的に、いろいろなものに参加することがチャンスになる
人に対する幅広い興味
自分が好奇心を抱く人をすべてピックアップし、分類する（友人、知人、有名人問わず）
ブログなどの利用
A群 生き方／考え方
イベントなどへの参加
B群 スタイル／容貌
仕事などの研究発表
C群 仕事
サークルなどへの参加
D群 趣味
自分に必要な人は…
これをいつも意識する。
基本的に好き嫌いの問題ではなく、あなたの人生に必要な人を意識する。
奇跡が起こる!
「あっ、この人だ!!」と思う瞬間が生まれる。

・奇跡は「意識」していないところには絶対に起きない。
まず、広く人を見ることで、人への興味を持つことから始める。

81　デートコースが決められない

デートコースが決められないのは、優柔不断というより、相手が何を望んでいるのかわからないということです。これは、まだつき合っていない男女間、もしくは、つき合って間もない恋人間によくある悩みでしょう。

もちろん、自分の好みでコースを決めてしまってもいいのですが、それだと、相手が喜んでくれるかどうか不安になります。だから、雑誌やネットを使って情報を集め、おそらく喜んでくれるだろうという無難なコースをたどります。

でも本当は、もっとすごいところに連れていったり、初めての体験をさせたりして、相手をびっくりさせたいのです。

相手を驚かせるデートは情報収集にかかっています。相手が驚くのは、それが予想しない出来事だからです。なので、まずはある程度、相手のことを把握しておく必要があります。

そして、何よりも重要なのは感動の演出です。**誠意を込めて心を遣うのです**。

誠意さえあれば、ダイナミックな演出は必要ありません。持ってきたハーモニカを吹く、改札での別れ際にコインロッカーに入れておいた花束を渡すなど、何でもいいのです。

★驚きを演出する

「相手を驚かすことをねらってみよう!!」

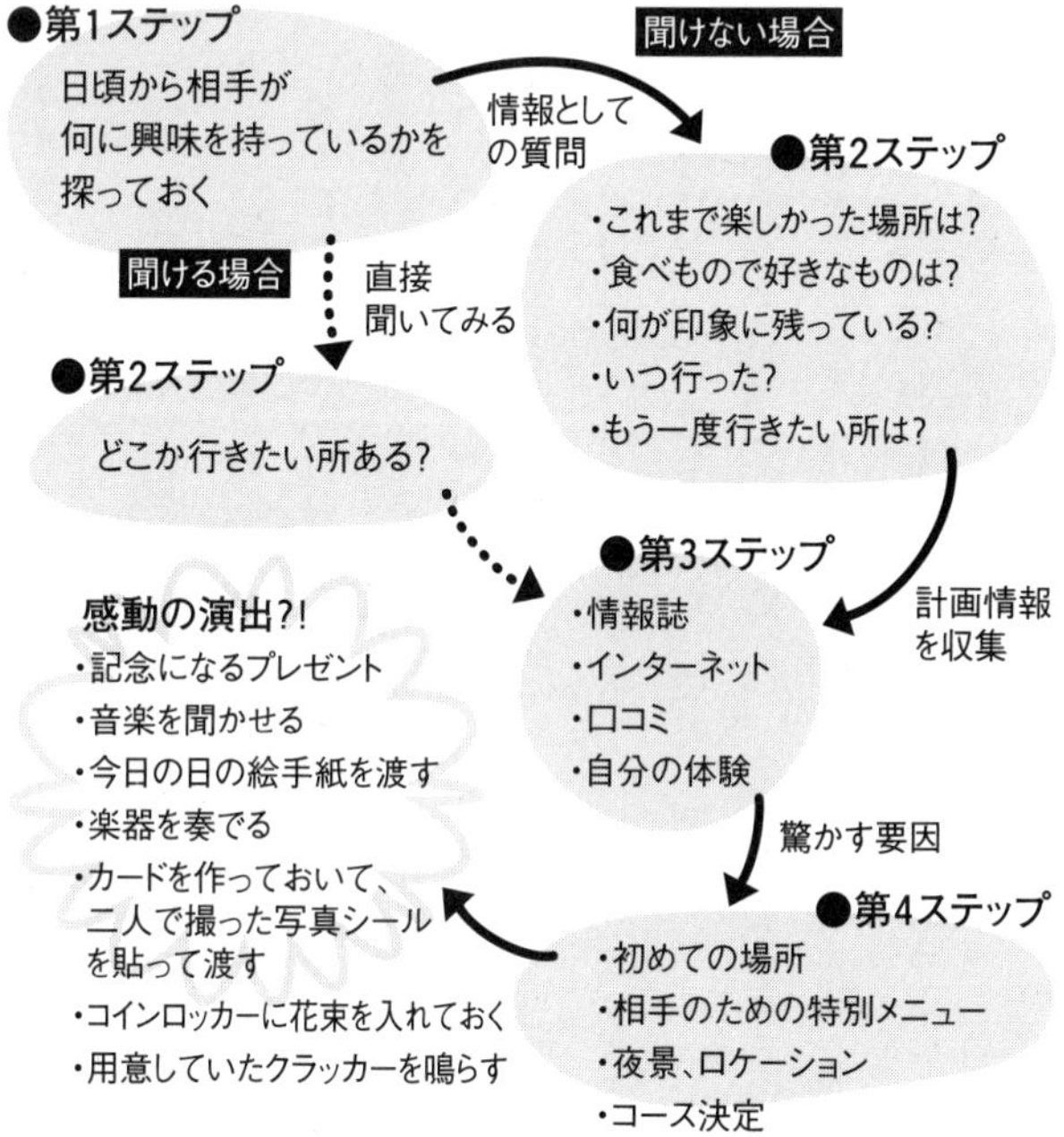
●第1ステップ
日頃から相手が
何に興味を持っているかを
探っておく
聞けない場合
情報としての質問
●第2ステップ
・これまで楽しかった場所は?
・食べもので好きなものは?
・何が印象に残っている?
・いつ行った?
・もう一度行きたい所は?
聞ける場合
直接聞いてみる
●第2ステップ
どこか行きたい所ある?
計画情報を収集
●第3ステップ
・情報誌
・インターネット
・口コミ
・自分の体験
驚かす要因
●第4ステップ
・初めての場所
・相手のための特別メニュー
・夜景、ロケーション
・コース決定
感動の演出?!
・記念になるプレゼント
・音楽を聞かせる
・今日の日の絵手紙を渡す
・楽器を奏でる
・カードを作っておいて、二人で撮った写真シールを貼って渡す
・コインロッカーに花束を入れておく
・用意していたクラッカーを鳴らす

[最終的には、相手への誠意と心づかいの問題である。また、そのような心づかいを理解してもらえるような相手に出会うまで、頑張ることである。]

用語解説
演出
「出（で）」（内側から表に出てくるもの）をしぐさや言葉で展開させること。そこには一つのねらった効果が想定されています。演劇や映画、テレビなどで、脚本の意図に基づいて、俳優に演技をつけたり、舞台装置・照明・音楽・音響効果・衣装などを統括・指導したりすること。これを行う人を演出家あるいはディレクター（監督）と言います。また、イベントやセレモニーなどが効果をあげるよう工夫することも指します。

82 遠距離恋愛になってしまった

遠距離恋愛は、うまくやるほうが難しいと言われています。離れた直後は、さみしさのあまりに相手を激しく求めます。しかし、それも数カ月がいいところ。徐々にその気持ちは薄れて、やがて終焉《しゅうえん》を迎えます。**遠距離恋愛の失敗は、「恋愛の深さはその距離の近さに比例する」という伝説的なルールに則《のっと》っています**。人は、いつも顔を合わせる人やそばにいる人を好きになるものです。だから、遠距離恋愛をうまくやること自体、そもそも不可能だと言う人もいるくらいです。

それでも、当事者たちは、遠距離を克服《こくふく》し恋愛を成就《じょうじゅ》させたいと願います。他のカップルとは違い、自分たちの恋愛こそが本物だと思うのです。

しかし、恋愛である以上それは難しい、というのが私の意見です。愛は距離を乗り越えますが、恋は失恋で幕を閉じます。**愛には失愛という言葉さえありません**。ここで必要なのは、質を転換させることです。

デザインで恋を愛に変えれば、成就の可能性がグッと高くなります。デザインはラブレターと一緒です。思いやりを込めた心づかいを送ることなのです。

★ものごとの質を変える方法

「離れていても大丈夫」

熱さよりも優しさ

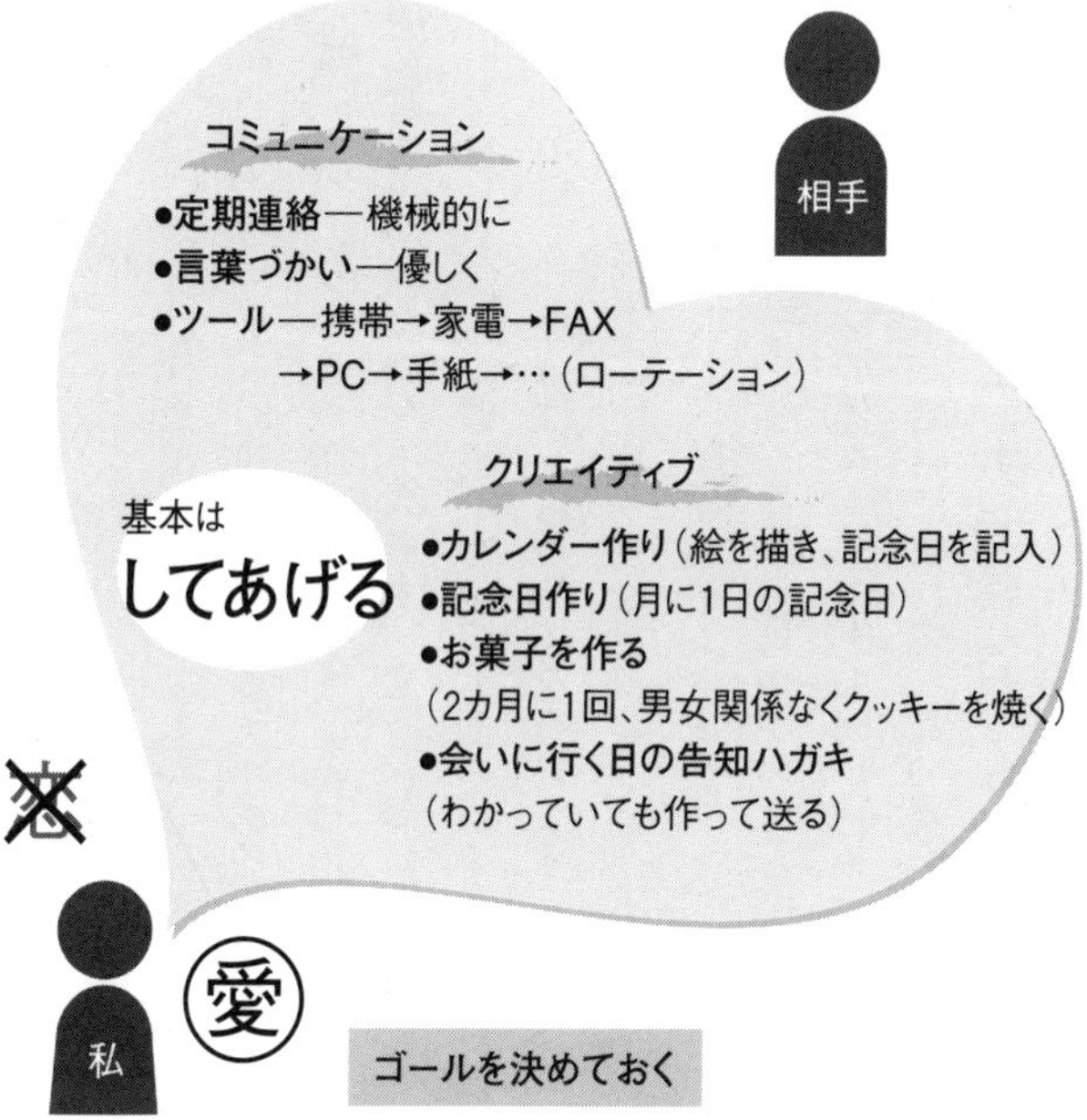
相手
コミュニケーション
●定期連絡—機械的に
●言葉づかい—優しく
●ツール—携帯→家電→FAX
→PC→手紙→…（ローテーション）
クリエイティブ
基本は
してあげる
●カレンダー作り（絵を描き、記念日を記入）
●記念日作り（月に1日の記念日）
●お菓子を作る
（2カ月に1回、男女関係なくクッキーを焼く）
●会いに行く日の告知ハガキ
（わかっていても作って送る）
恋
愛
私

ゴールを決めておく

・漠然とした関係は、目的がないので壊れやすい
・目的があると頑張れる

恋よりは愛

・長い間、熱いままではいられない
・通信は機械的に淡々と

・長距離恋愛の基本は、恋から愛へ質の転換を行うことである。
離れていることのつらさをエネルギーに、相手を思いやることだ。
相手にしてもらうことを考えずに、相手にしてあげることを考える。

83　結婚したいけど、できない

囲い込みから固定化へ

晩婚化で、今では三〇代後半でも未婚の人がざらにいます。結婚自体にあまり興味がないという人はいいのですが、問題は、結婚願望があるのにできない人たちです。

これには、二つのケースが考えられます。一つは、結婚相手に対して何らかの条件があり、それを満たす相手がいないケースです。もう一つは、結婚したい相手はいるが、相手に結婚願望がない、もしくは結婚願望があってもその相手が自分ではないケースです。

相手が見つからない場合は、新規開拓を行います。とにかく、積極的に交流の場に出ることです。また、結婚相手に望む条件を見直し、ハードルを下げるのも手です。そうすれば、今まですぐ近くにいた人が、結婚相手（ターゲット）として浮かび上がってくるかもしれません。どちらにしろ、ピンとくる人が見つかったら、連絡を密にするなどして固定友人にします。**これを、デザインではターゲットの囲い込みと言います。**

もし、囲い込んだ相手が結婚に触れてこない場合は、結婚の意志を表明する場（二人だけのパーティーなど）を作ります。きちんとこちらの意思を伝え、他には行かせないようにします。**これを、デザインではターゲットの固定化と言います。**

★囲い込みから固定化へ

「結婚は人類の義務です」

固定友人にする（ターゲットの囲い込み）

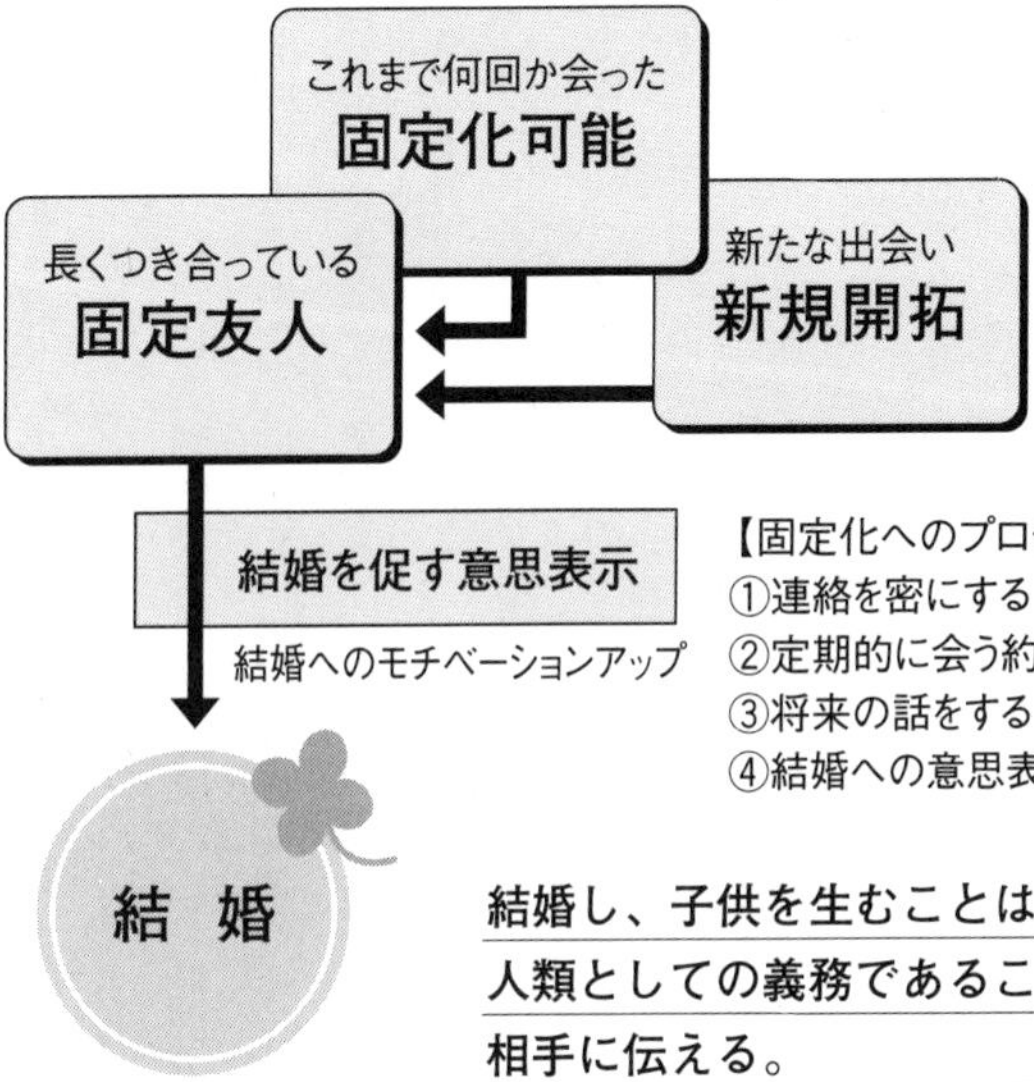
これまで何回か会った
固定化可能
長くつき合っている
固定友人
新たな出会い
新規開拓
結婚を促す意思表示
結婚へのモチベーションアップ
結　婚

【固定化へのプログラム】
①連絡を密にする
②定期的に会う約束をする
③将来の話をする
④結婚への意思表示をする

結婚し、子供を生むことは、人類としての義務であることを相手に伝える。

・結婚はもはやしなければならないものとしてとらえる。
それは、個人的な問題ではなく、人類の存亡に関わる問題としてとらえる。
男女ともにこう考えれば、結婚の可能性はアップする。

用語解説
ターゲット
直訳すると標的とか目標ということですが、デザインではそのデザインの対象となる人たちのことです。デザインには必ずターゲットが存在します。ターゲットにメッセージが的確に届くようにするために、マーケティングの調査が行われ、ターゲットの絞り込みがなされます。ターゲットが決定すると、ターゲットがより確実に注目するようにするために、特別サービスや優待などを行います。これを囲い込みと言います。

84　家族とのつき合い方がわからない

家庭がもっとも心許せる場所であるはずなのに、最近では逆に、もっともストレスを感じる場所だという人が増えています。家族間の悲惨な事件がそれを象徴しています。家族からの孤立は、現代を象徴する悲劇です。

これは親の責任です。親が正しいリーダーシップを取っていないのが原因です。

家庭にもしデザインがあれば、悲劇は防げます。弱くなった家族間のつながりを、デザインの考え方を応用して回復するのです。人と人との新たな関係を生み出すことは、デザインの仕事です。

デザインでは、これまで見てきたように、関係の構築を目的とした手段や方法が数多く考えられています。

つながりの弱い家族は、血縁に甘えて、コミュニケーションの基礎ができていません。そこで、基本的なアイディアをピックアップしてみましょう。家族みんなが参加できる「伝言板」の活用です。

これを使用していくことで、つき合い方の基本を見直すことができます。

★参加型コミュニケーション

「家族用伝言板を作ろう!」

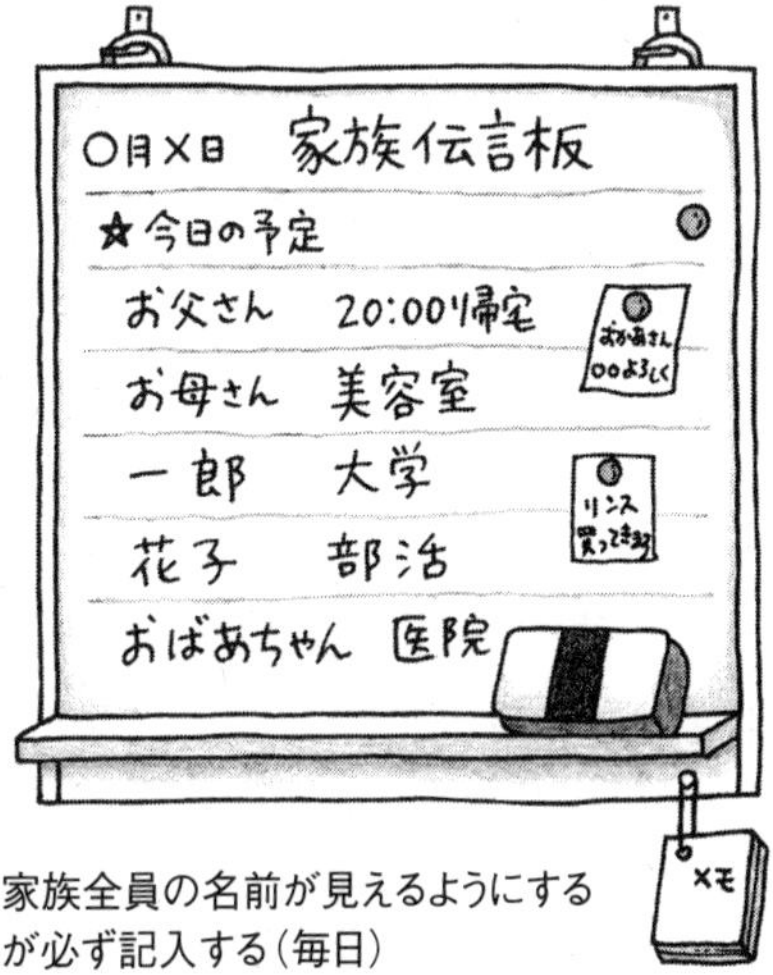

＊常に家族全員の名前が見えるようにする
＊全員が必ず記入する（毎日）
＊行く先と帰宅時間（1つでもよい）
＊個人宛のものはメモ用紙に書き、伝言板に留める

一見かなり原始的な方法に思える手段でも、
極めて高い効果をあげるものがある。
すべての基本はコミュニケーションにあることを再確認する。

用語解説
掲示板
ポスターをはじめ、各種の印刷物を掲示する板のこと。定位置に設置することで多くの人がそこで確認することができます。掲示板は、周辺の人への直接的なコミュニケーションの機能を果たしています。インターネットが進む中でも、街角の掲示板は重要なものです。ネットにある書き込みが可能な掲示板は、伝言板に近いものです。掲示板はあくまでも掲示することが基本になります。

85　自分のイヤなところが目につく

自分というものを意識しすぎると、自分の存在をより明確にするため、他人と自分とを比較してしまいます。そして見えてくるのが自分の欠点。自分のイヤなところが目につくというのは、明らかに、他人と比較してのことです。

よく、「自分に自信を持ちなさい」などと言います。

ところが、自分のイヤなところ、ダメなところが気になっている人は、そうは言われても、なかなか自分に自信を持つことができません。

これを克服するためには、自分を否定しないことです。

どんなときでも、自分のことをダメだと言わない。それが自分を強くし、前を向いて歩いていける原動力になります。

自分を否定しないというのは、否定する理由がないからです。それを紙に書いて、何度でも口に出します。

思っていることや目標、夢をビジュアル（文字）にすることで、あいまいだった思考が明快になり、自己暗示の力が働きます。夢の実現は、自分に自信を持つことから始まるのです。

★夢をかなえるための三つのルール

「自分のイヤなところよりも夢を優先しよう!」

第一のルール

自分をダメだと言わない

- 自分を否定する必要がない
- 否定からは何も生まれない

第二のルール

他人と比較しない

- 自分と他人の人格はもともと比較できない
- 比較してもいいのは長所を学ぶときだけ

第三のルール

目標や夢を文字で書く

- 目標は具体的に書く
- 夢は実現させる日時も書く

・自分の夢をかなえるための三つのルールは、自分に自信を持つためのルールでもある。

用語解説
比較論

AとBを比較することによって、ある一つの現象を浮き彫りにさせる、あるいはAとBのどちらかに主眼を置き、その特徴を引き立たせるために論じることです。すべてにおける比較は難しいので、ある項目に限り比較を行います。項目の選び方によって結論が著しく異なることもあります。よって人を比較するのは意味がありません。デザインでは、他社と比較することで自社の製品のメリットを強調する比較広告があります。

生きる

86　朝、起きられない

毎朝、なかなかベッドから抜け出せないのは、よく低血圧が原因だと言われます。しかし実際には、その関連性が実証されているわけではありません。

もちろん、そういった体質的な原因も考えられますが、だいたいは精神的な問題です。朝起きられない人は、一般的に時間にもルーズです。**時間に対してきちんとしている人は、寝起きもきちんとしています。**

結局、ふだんから時間に対する厳しさがあるかないかにかかっています。寝起きだけきちんとしたいというのは、贅沢《ぜいたく》な願望でしょう。

デザインするうえでもっとも大切なのは、結果を見て、その原因を考えることです。つまり、朝起きられるようにするために、目覚まし時計などを工夫するのではなく、その根本的な原因に働きかけるのです。

起きられない原因ははっきりしています。時間に対してルーズで、約束を守る意志が弱いのです。

約束の時間を守る習慣を身につけることで、時間に厳しい人間になりましょう。

★原因と結果の法則

「約束を守れる人は遅刻しない」

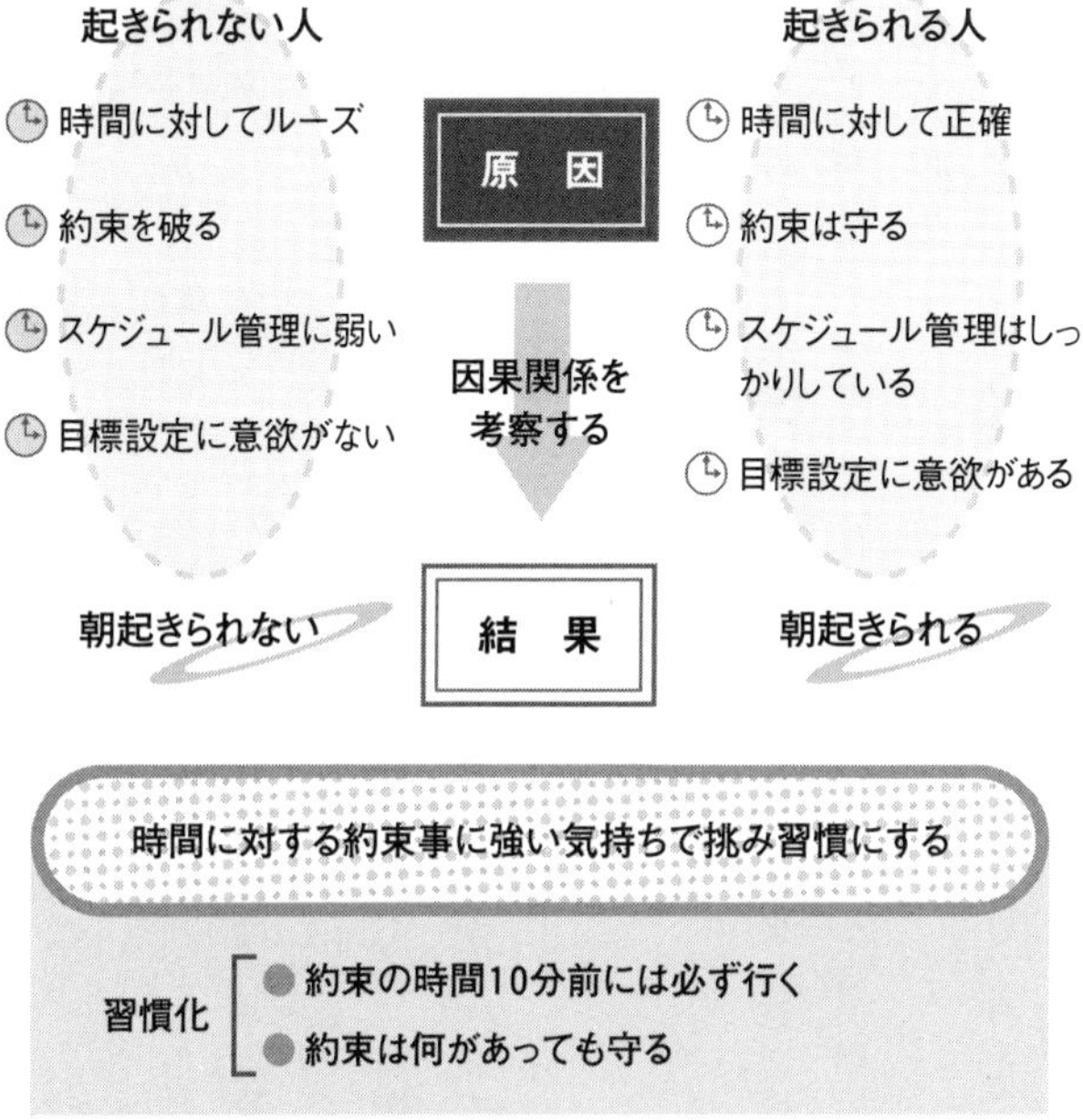
起きられない人
時間に対してルーズ
約束を破る
スケジュール管理に弱い
目標設定に意欲がない
朝起きられない
原　因
因果関係を考察する
結　果
起きられる人
時間に対して正確
約束は守る
スケジュール管理はしっかりしている
目標設定に意欲がある
朝起きられる
時間に対する約束事に強い気持ちで挑み習慣にする
習慣化
約束の時間10分前には必ず行く
約束は何があっても守る

・遅刻という結果には原因がある。その原因を取り除けば、目覚まし時計は1台ですむ。

用語解説

原因分析法

よりよいものを作るために、これまでの問題点を洗い直し、原因を追求します。原因の追求は改善点を探し出すためのもので、責任の所在を探るためのものではありません。原因追求のための分析法として七つあります。(1)問題発見のための分析(2)関係の分析(3)存在意義分析(4)構造分析(5)(技術的)能力分析(6)経営管理分析(7)文化風土分析の七つです。分析の結果を論理的なものへ発展させる方法が取られています。

87　地下鉄で迷う

女性は地図が読めない、という話をよく聞きますが、女性に限らず、方向感覚に自信がない人は多いと思います。そういう人は、空間把握能力が足りないのです。

特に、周囲がすべて人工物で日差しも入らない地下鉄の乗り換えは、ひと苦労です。

地下鉄では、案内表示板が唯一の頼りになりますが、乗り換えや出口の表示がまったく不親切で、あまり頼りになりません。おそらく、あの案内板の製作者は、はじめて利用する人の立場になって作っているのではないのでしょう。もしかしたら、きちんと自分の足で歩いたことすらないのかもしれません。

ともかく、案内板があまり頼りにならない以上、自分の感覚だけが頼りです。

地図が読めない人全般に言えることは、自分のまわりだけを見ていて全体が見えていないことです。木を見て森を見ていないのです。自分が森の中のどこにいるのか、そういった俯《ふ》瞰《かん》の視点が必要です。

地下鉄の場合、現状の案内表示を利用して、自分が今どこにいるのかを知る方法を考えます。そこでも重要なのは、**地下鉄の特徴を把握しつつ、常に全体を見渡すことです**。

★全体像の把握

「今、自分はどこにいる?」

全体を見て自分の位置を確認する

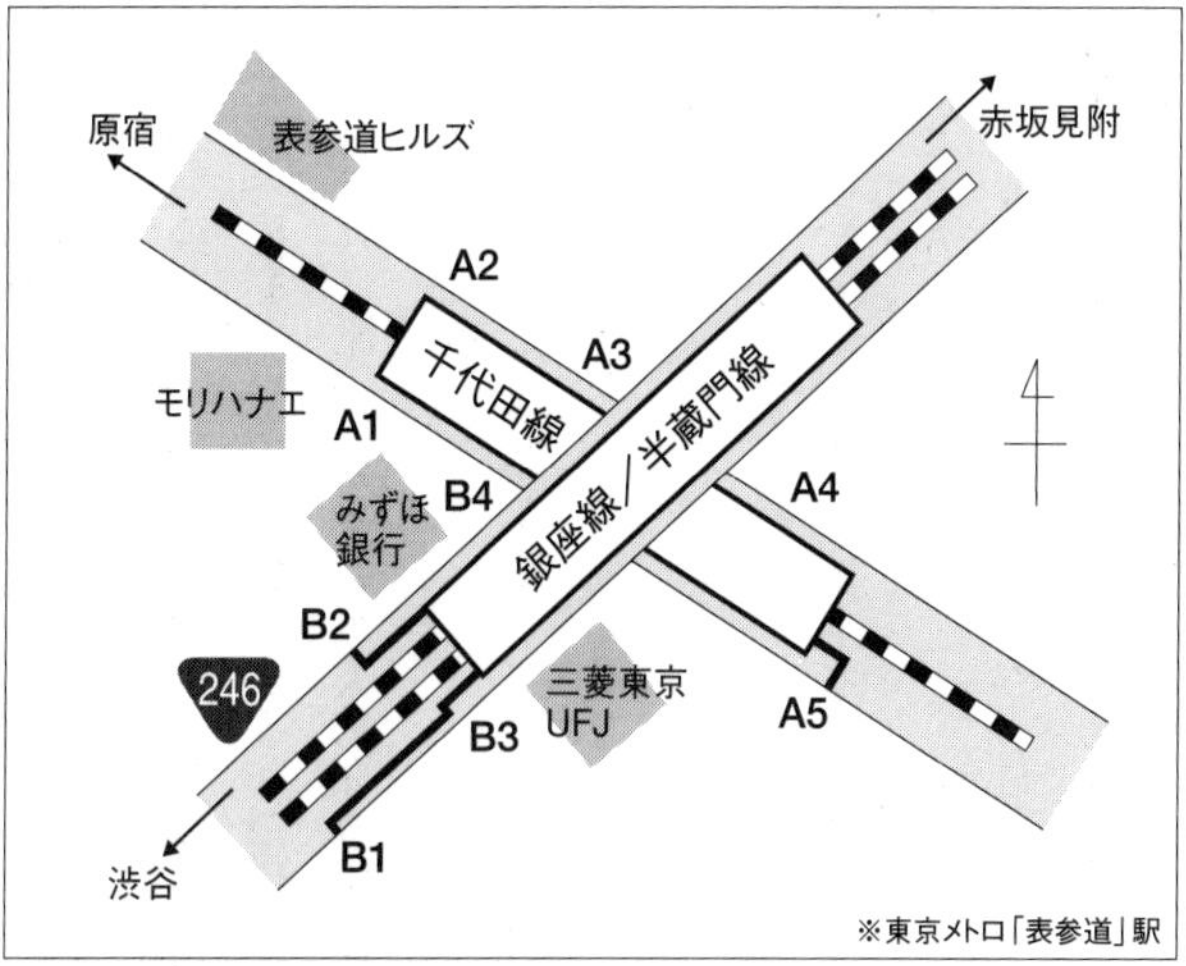

原宿
表参道ヒルズ
赤坂見附
A2
千代田線
A3
モリハナエ
A1
みずほ銀行
B4
銀座線/半蔵門線
A4
B2
246
三菱東京UFJ
A5
B3
B1
渋谷
※東京メトロ「表参道」駅

●地上と地下は連動している
●地下鉄は、道路に沿って走っている
●路線には上下がある

・地下鉄の駅構内図がインターネットにも、情報誌にも出ている。それらをあらかじめチェックするか、プリントして持ち歩くとよい。

用語解説
情報デザイン

人に種々の情報をわかりやすく届けるためのデザイン。名称は比較的新しいものですが、ダイアグラムからの発展です。公共的なものとして案内板があります。たとえば駅の案内板は、地図情報をいかにわかりやすく表示し、確実に利用客を目的地に誘導できるかがテーマです。日本の案内板は見づらいと言われていますが、その原因は、利用客の視線でデザインされておらず、駅側から見た案内になっていることです。

88　日記が続かない

日記は一日の記録を書き残すもの。最近では、ブログなどといった電子日記の利用も盛んです。ブログは、基本的に誰かに見られるものなので、必ずしも本音が書かれているとは限りません。手書きの日記が依然として人気なのは、**他人に覗《のぞ》かれずに本音を書けるメリットがあるからです**。

とはいえ、日記を書こうと思っても三日坊主になってしまうことがよくあります。ブログは誰かからの反応がダイレクトにあるので、面白くなり、続けることができますが、手書きの日記は孤独な作業です。

手書きの日記は自分だけが見るものなので、誰に対しても責任がありません。だから、どうしても甘えが生まれてきます。数日休んだだけで、誰かから責められたり心配されるようなこともありません。

そして、その甘えが段々と大きくなり、日記を書くことをやめさせてしまうのです。

日記を継続させるための鍵は、この甘えを突くことにあります。デザインを使って、日記を書くことに責任感を芽生えさせるのです。

★責任感のデザイン

「責任を持って日記を書いてみよう!!」

やめさせる力を防ぐ → 継続

責任を持たせる
- いつか人に読ませる
- 途切れることは許されない

将来役立つ理由
- 記憶が風化することを防ぐ
- 自分の心の変遷を見られる
- 伝記や回顧録が書ける

内容に幅を持たせる
- 記録するようなことがないときは、月間テーマを設定しておいて、それについて書く

日記をやめさせる力(理由)

甘え	自分のものなのだから書かなくてもよい
意義の喪失	何のために書いているかわからない

・日記をつけることは、自由ではない。将来の自分に対する責任と必ず人に見せるという責任を自覚することが継続につながる。

用語解説

潜在責任

社会において完全に自由なものはありません。「何をしても自分の自由だろう」はありえないのです。生きるのは自由といっても、それは義務でもあります。ということは、生きることは潜在責任と言えます。わかりやすく言えば、もともと基本的に持っている責任であり、明文化されていないだけです。日記は書くのもやめるのも一見自由に思えますが、いつかそれを読む特定できない人に対する責任と、自分に対する責任とがあります。

89　テレビが消せない

「時間は有限」の自覚

朝でも昼でも夜でも深夜でも、テレビはやっています。

家に帰ってくるなりテレビをつけて、寝るまで消すことができないようなテレビ中毒の人は、無自覚な人も含め、相当数に及ぶようです。

どうすれば、テレビを消すことができるようになるのでしょうか?

いちばんの解決策は、時間の貴重さを自覚することです。**誰でも、時間が有限であることを認識しているはずですが、実感できている人は本当に稀なのです。**

あなたが生きている時間には終わりがあります。それなのに、さみしさをまぎらわすためや時間を潰《つぶ》すためだけにテレビを見てしまうのは、まったく無意味です。

目的意識があって見るならまだいいのですが、「何か面白いものをやっているかもしれない」くらいの意識なら、今すぐテレビを消すことです。

テレビを見ずに一週間を過ごしてみればすぐにわかることですが、**だいたいの場合、テレビを見なくても別に困ることなどないのです。**

自分の時間を「使う」という意識を身につけましょう。

★「時間は有限」の自覚

「テレビを見ている時間も人生の消費だよ」

テレビを消すための方法

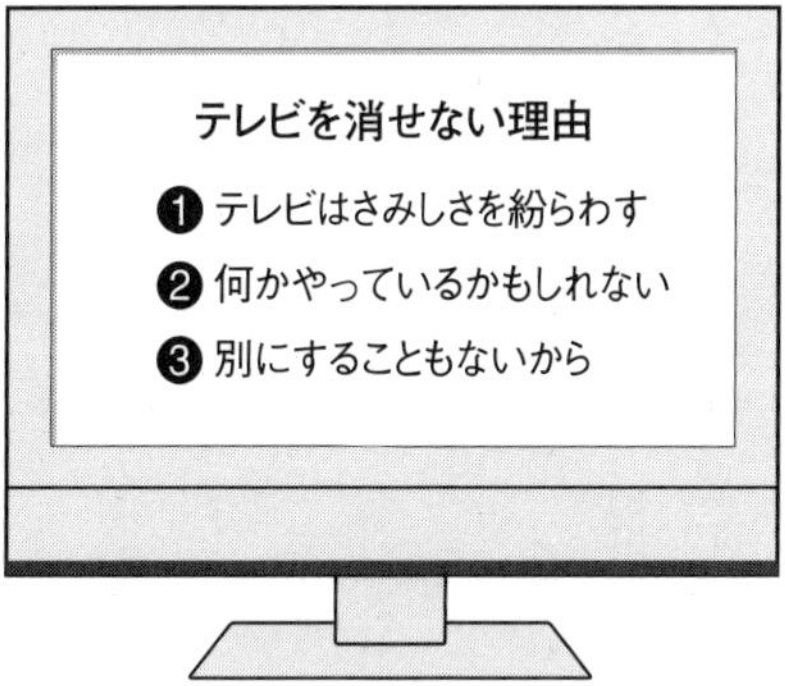
テレビを消せない理由
❶ テレビはさみしさを紛らわす
❷ 何かやっているかもしれない
❸ 別にすることもないから

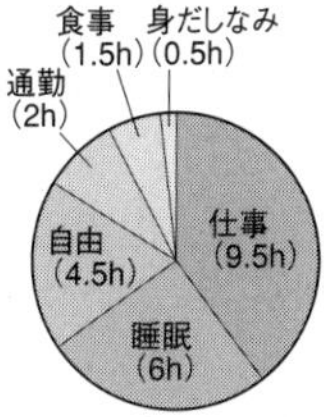
食事（1.5h）
身だしなみ（0.5h）
通勤（2h）
仕事（9.5h）
自由（4.5h）
睡眠（6h）
サラリーマンの1日の平均的時間の使い方

⇨ **OFF!** するには、

時間は有限である

- 自分の一生の総時間を想定してみる
- ここ1週間の時間の使い方を把握する
- テレビの時間を他のことに振り当てる

・テレビを見ることによってメリットがあれば別にかまわないが、消したいけれど消せないのは病気に近い。消すためには時間の貴重さを自覚するしかない。

用語解説 **時間軸**

宇宙が誕生したときにすべてのものに時間が与えられました。時間があるということは、永遠がないということ。必ず始まりと終りがあり、そのくり返しが時間の機能です。人間はこの有限の時間を有効に使って一生を終えます。時間を軸として制作されるものに、映画、アニメ、マンガ、音楽、演劇、ショーなどがあります。時間がなければ見ることができません。デザイナーの意識にあるのはまさに「時は金なり」という格言です。

90　雨の日を楽しみたい

雨の日はうっとうしく、気分が塞《ふさ》がれてしまうものです。雨の日が好きな人もいますが、ほとんどの人は雨の日が嫌いです。

その理由は、「暗い」ということです。人は昼間の明るさを好んでいます。そして、「濡れる」ことも不快感の原因です。傘を差すために「手がふさがる」のもイヤです。

だから、雨の日を楽しいものにするためには、明るいところで、雨に濡れず、手が使えるようにすればいいのでしょうが、それだけでは根本的な解決にはなりません。

雨の日でも「楽しむ」発想、視点の切り替えが必要になります。

これは人生全般にも通用することです。人生も楽しいことばかりとは限りません。ゼロから楽しさを探していくことで、実際に楽しくなるのです。

楽しさなんて簡単に発見できると思いがちですが、**実際には、その方法についてちゃんと考えたこともなければ、人から聞いたこともないはずです。**

デザインは楽しさ発見のエキスパートです。論理的な思考回路を使って、楽しさ探求の方法を編《あ》み出します。

★楽しみ探求法

「雨の日がイヤでなくなる」

雨の日は楽しい！

その理由をグループごとに考えてみる

家の中にいる

＜普段できないことを雨の日にやる＞
- 読書、手紙、絵描き
- 完全休養

風景を見る

＜濡れている情景＞
- 鮮やかな葉の色
- 雲の動き

音を聞く

＜雨の日にしか聞けない音がある＞
- 雨が降る音
- 雫（しずく）の落ちる音

街行く人のファッションを見る

- 街中でのファッションをじっくり観察する
- 最近の流行をチェック

雨の日ファッション

- 傘は？
- はきものは？
- コートは？
- 雨の日は思いきって…！

屋内施設へ

- 水族館
- 展示場
- 映画館
- 美術館
- ボウリング場

- 他の日にはできない雨の日ならではの楽しみ方は、自分からそれを探すことによって見つかる。

91　節約しているのにぜんぜん貯《た》まらない

先立つものはお金。

お金を増やすためには、単純に今まで以上の収入をあげればいいのですが、なかなかそうはいきません。だから、人は節約して、今度は支出を減らすことでお金を貯めようとします。

電気をこまめに消したり、トイレのタンクにペットボトルを入れたりして、光熱費を抑えます。また、各種のカードやクーポンを最大限に利用して、出費を抑えます。

ちまたには、そういった類《たぐ》いの節約術が溢れています。節約したい人は、誰でも、何かしらの節約術を試しているものです。

しかし、それでも一向にお金が貯まらないというのであれば、そのやり方が悪いのでしょう。**やみくもに節約をするのではなく、自分の節約がちゃんと成果をあげているかどうか、きちんと数字で把握します。**

家計簿をつけているよ、という人も多いでしょうが、**だいたいの人はつけたことに満足してそこで終わりにしてしまっています。**大切なのは、そこから先、その数字をもとに分析・考察することです。努力のわりには成果をあげていない節約術が浮き彫りになったりします。

★数字で考える方法

「結果を出せる節約術」

まず家計簿をつける

── つける項目 ──

A	衣服費／雑貨費／レジャー費／通信費／車費／住居費 生命保険料／テレビ受信料／医療費／美容費／衛生費
B	食費／電気料金／ガス料金／水道料金
C	交際費／こづかい

Aは節約の範囲が狭いもの

Bは節約工夫の効果が出やすいもの

Cは場合によっては0に近づけられるもの

データ化への条件

1. 月ごとに前月と項目を比較し、金額の変化とその原因を考察する。
2. 1年間の変化を折れ線グラフで表示する。
3. 1年間の節約の目標を決める。
4. 節約は1年単位で合計を出す。

・項目別に節約の方法を工夫できる。何より大切なのは、漠然と節約するのではなく、具体的な数字（データ）によって管理することである。

92　借りたお金が返せない

借りたお金が返せないというのは、だいたいが計画性の問題です。

新規事業を立ち上げるための資金の調達などは、前向きな借金ですし、計画性もあるので、事業を軌道《きどう》に乗せることさえできれば返済できます。

しかし、収入を確保せず、支出も抑えずに、「いま以上にいい生活をしたい」「今の生活を維持したい」などと思って安易に借りたお金は、なかなか返せる目処《めど》がつきません。**それは、お金を借りる以前に、生活全体の計画性が抜け落ちているためです。**まして、飲み食い遊び、ギャンブルのための借金は目もあてられません。生産性も計画性もゼロです。

安易に借りたお金は、「もらった」感覚に近いものがあります。だから、「返さなくてもよい」という意識が強くなります。そして、返すときには損した気分になるのです。

しかし、借りたお金は返すのがルール。とにかく、借りたお金には「借りた」という意識を強く持つことです。**ここでは、自己暗示法が有効でしょう。**

「私は借りたお金を返す」と紙に書いて、一日一〇回声に出して読み上げます。次に目をつむり復唱します。これを二カ月も続ければ、暗示にかかります。

★自己暗示法

「借りない自分、返す自分になる」

自己暗示の方法

・「私は借りたお金を返す」と書く
・1日10回声に出して読む
・目をつむって復唱する
・これを毎日くり返す
・2カ月で刷り込みが終わる

・これを目につくところに貼っておく

借りない

● 誰からも借りない
● 必要なときは働く
● 収入の得られる正統な手段を探す
● 欲しいものがあっても買わない(ガマンする)
● 毎月一定金額を貯金する
● 支出を管理する

用語解説
自己暗示

デザインにはメッセージを伝える役割と、くり返し見せることによって記憶への刷り込みを行う役割があります。長時間掲示されるポスター、くり返されるCM、何度もやってくるDMなどは、その効果を目的にしています。さらに自己暗示によって、自律神経へ働きかけ、意識を高めて実行に移させることができます。自己暗示こそ、自己コントロールの最重要項目であり、イメージトレーニングの中核をなしています。

93　はじけたいのにはじけられない

人は日頃、社会のルールを守り、自分の威厳を保ち、人との関係を維持するために、いろいろと苦労しています。そして、知らない間にストレスが溜まり、やがて満タンになります。

そんなとき、人はだいたい三つのタイプに分けられます。

ガス抜きと言って、酒を飲んだりカラオケをしてはじけるタイプ。**ストレスを抑えられずにキレてしまうタイプ**。**ストレスをものともせず乗り越えるタイプ**。

キレてしまうタイプの人は、はじけたいと思ってもそれができません。悶々《もんもん》としています。はじけるタイプの人も、本当はもっともっとはじけたいと思っていたりします。

何が、はじけたい自分にブレーキをかけてしまうのでしょうか？

いちばん大きいのは「人の目」です。はじける一歩手前で、社会的な立場や自分らしさといったものが頭をよぎり、感情に身を任せることができなくなります。

このブレーキをいかに外し、はじけさせられるか？ **これは、デザインの普遍的なテーマの一つです**。気になる要素を引き算のように一つずつ排除していき、はじけられる状況を作り出すのです。

★「引き算」思考

「ときには、はばたこう」

4つの「気になる」を排除する
気になる時間
月に1日は
時間を気にしない日
を作る
気になる人の目
人の目を
シャットアウトするには、
無視
気になる自分
自分は自分、自分以下でも
自分以上でもない。
だから、自分をやり通せ
気になるお金
限度額を決めて
行動する

・気になることがあれば、思いっきり行動することができない。
気になることを排除すれば、それだけで気分が軽くなる。

用語解説
引き算法

ものを作っていく作業では、つけ加えていく足し算法と削り取っていく引き算法があります。これは彫刻技法にも共通していて、粘土などをつけ重ねることで形を作っていくものと、石や木を削ることで形を作り出す方法があります。特に引き算法は、不必要なものを取り去ることと、障害になるものを取り除くことで、本質に迫ろうとするものです。気になる部分をすべて取り去るか改善すれば、理想に近いものになります。

94 うじうじ悩まず、サクッと決めたい

一回しかない人生。うじうじ悩んでいたら、あっという間に時間が過ぎてしまいます。たしかに、周囲には、自分を悩ます問題がいくつもあります。その大半は、人間関係から生まれてくるものでしょう。

もしあなたが、今まさに人との関係で疲れているとしたら、それはあなただけに降りかかっている特別な問題ではないということをまずしっかりと認識してください。誰もが似たような問題を抱えています。ここが肝心です。あなたは一人で悩んでいるのではなく、共通の仲間がいるのです。したがって、何よりも大切なのは、悩みは誰かに相談することです。

悩みに悩んで考えたことと、サクッと決めたことにあまり差はありません。出てくる結論なんて似ているものなのです。とすれば、サクッと決めれば、時間を無駄に使うことがないだけ、あまった時間を他のことに使えます。

人よりも多くのことにチャレンジしている人は、うじうじしない人です。同じ時間でできるだけ多くのことをやる。これが基本です。**考えが中途半端でもかまいません。とにかく、即決の癖をつけることです。**

★概念図の活用

「とにかく思いっきりをよくする」

●うじうじの概念図●

概念図は言葉よりわかりやすい

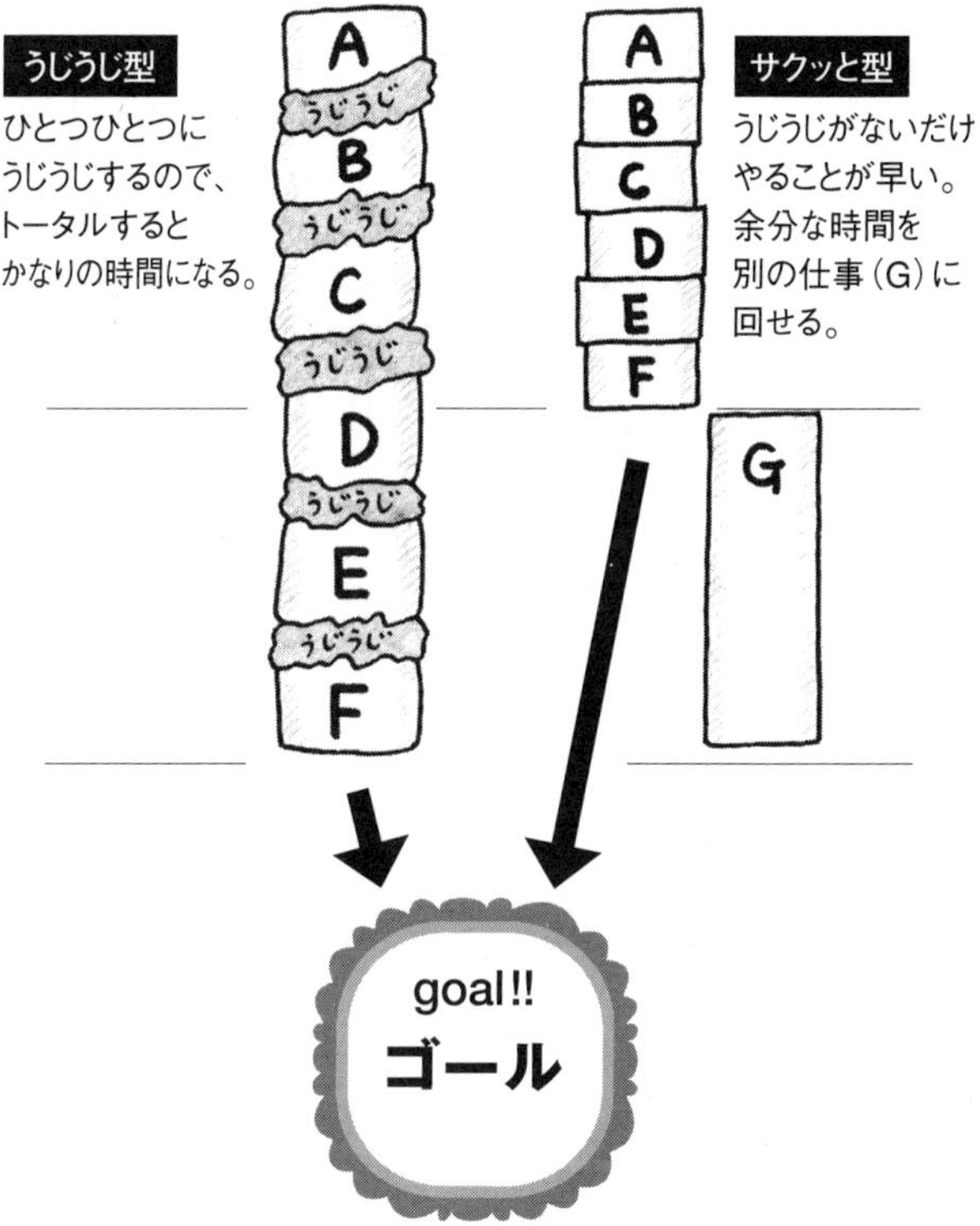
うじうじ型
ひとつひとつにうじうじするので、トータルするとかなりの時間になる。
A
うじうじ
B
うじうじ
C
うじうじ
D
うじうじ
E
うじうじ
F
サクッと型
うじうじがないだけやることが早い。余分な時間を別の仕事（G）に回せる。
A
B
C
D
E
F
G
goal!!
ゴール

うじうじするのは思いっきりがよくないからだ。
それは、決断力の弱さ、遅さから生まれる。
どれだけ差があるかを絵にするとわかりやすい。

95 うまく時間を使いたい

いまだに日本の企業では、長時間仕事をしている人が働いている人だという認識です。成果ではなく、職場にいる時間でその人の仕事を評価しています。

だから、なかなか定時に帰ることができません。そんなことをすれば、たとえ成果をあげていても、仕事をしていないと思われてしまうからです。結局、してもしなくてもいいような仕事をして時間を潰したり、ダラダラと仕事をして残業することになります。

これはものすごい矛盾です。まずは、仕事の量よりも質を重視することから始めます。

成果をあげるために本当に時間が足りないなら、残業するのも仕方ありませんが、あまり意味のない非生産的な残業であれば、即刻やめて、なるべく定時に帰ることです。そうすればプライベートな時間が増え、そのプライベートの充実がまた、仕事での新しい発想や活力につながります。

時間の使い方がヘタな人に共通しているのは、無駄な行動が多いことです。

段取りが悪く、ものごとの優先順位のつけ方がわかっていないので、準備や整理にばかり時間を取られ、肝心のやろうとしていることがなかなか実行できないのです。

★残業しない仕事術

「プライベートな時間を作る」

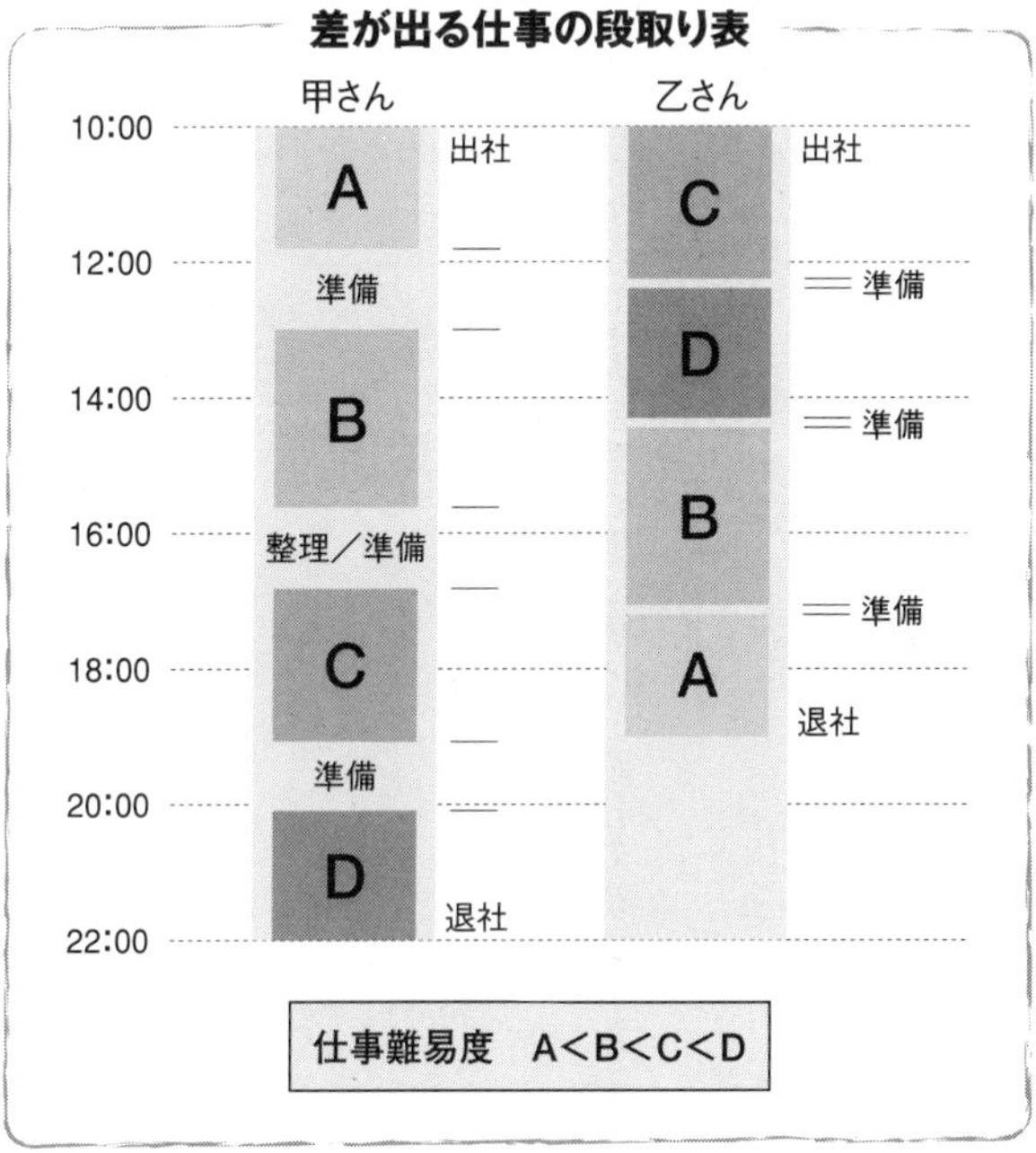
差が出る仕事の段取り表
甲さん
乙さん
10:00
12:00
14:00
16:00
18:00
20:00
22:00
A
出社
準備
B
整理／準備
C
準備
D
退社
C
出社
準備
D
準備
B
準備
A
退社
仕事難易度　A<B<C<D

〈甲さんと乙さんは、仕事の処理能力は同じ〉

◆甲さんは簡単なAから始め、難易度の高いDで終えた。
段取りが悪く、仕事中にも探しものなどをし、準備や整理に時間がかかった。

◆一方の乙さんは、元気なうちに難易度の高いC、Dを終え、
疲労がくる夕方に簡単なAを持ってきた。準備や整理に無駄がない。

→甲さんと乙さんとの差は、1日3時間。
1週間（週休2日制）で15時間の差が出てくる。1カ月では60時間。
それだけ乙さんはプライベートな時間が使える、ということである。
乙さんは仕事の内容（何をしなければいけないか）がわかっているので、
仕事の流し方がうまい。

96 人真似しかできない

お笑いの世界ではモノマネが芸になっていますが、日常生活で人の真似ばかりしていると、オリジナリティがないという気がしてきます。

でも、人真似しかできないことが困ったことかといえば、そうとも限りません。人は、学習と称して、先人のやったことを真似ることで成長してきました。

人真似をもっとおおらかにとらえ、積極的に活用していくべきです。

なぜなら、どんなに独創的だと思われているものも、多くの人の考え方をまとめることで生まれてきたからです。「**アイディアは、既存の要素の新しい組み合わせ以外の何ものでもない**」といった有名なセリフもあります。

これは、アイディア作りで悩んでいる人にとっては、まさに救いになる言葉です。

オリジナリティを求めるなら、一人の人を真似るのではなく（それはパクリと言います）、二人以上の人の考え方を複合させるようにしましょう。

この複合発想法はアイディア作りの基本であり、発明の原点とも言えます。まずは真似ることから、すべては始まるのです。

★複合発想法

「新しいアイディアは組み合わせから生まれる」

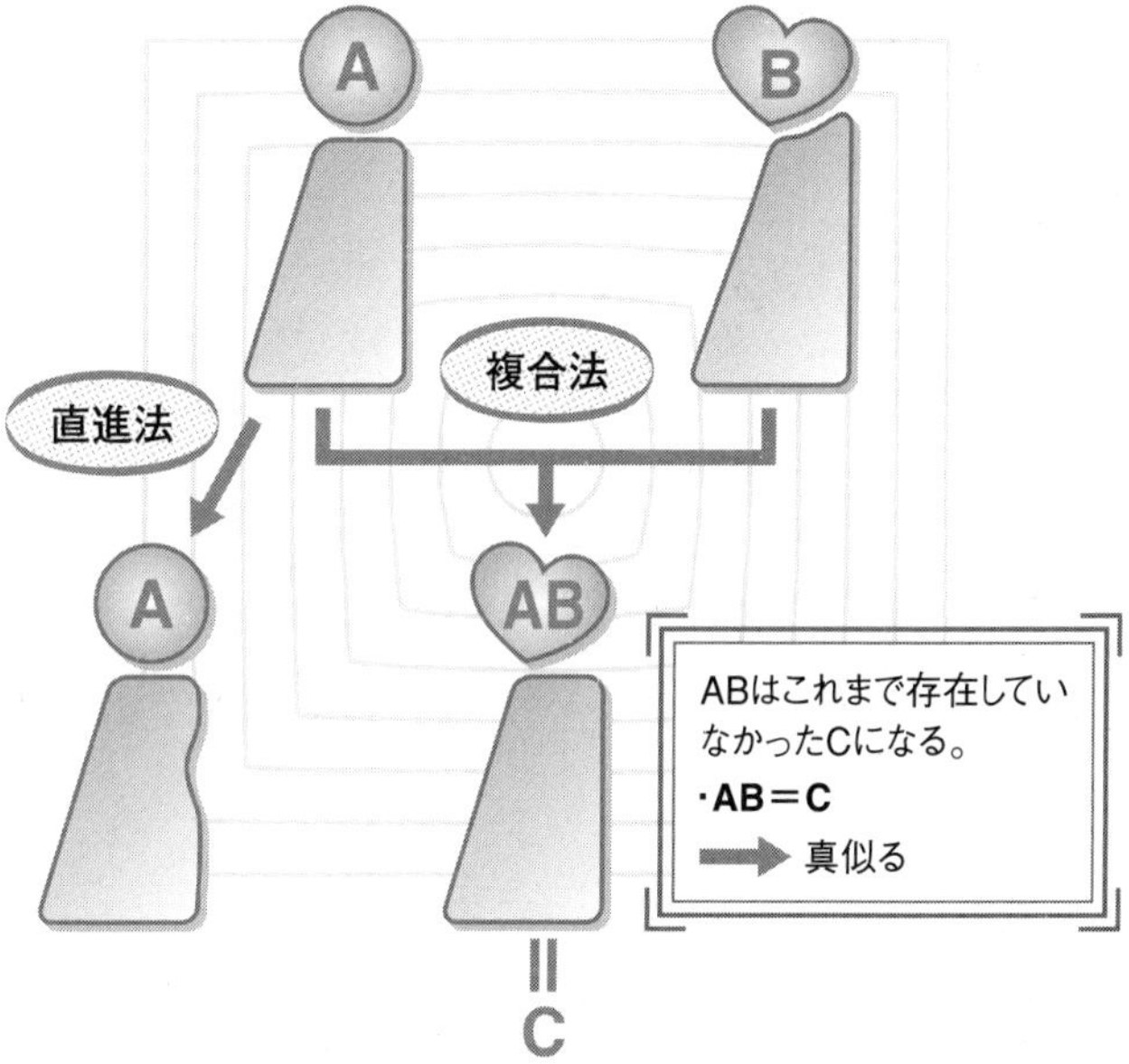
A
B
複合法
直進法
A
AB
ABはこれまで存在していなかったCになる。
・AB＝C
真似る
＝
C

・Aのみを真似ればAに限りなく近いが、AとBを真似ると、AでもBでもないAB＝Cになる。これはアイディア作り、発明の基本でもある。真似ることからすべては始まるのである。

用語解説
複合発想法
既存のものを複数合わせることで新たなものを生み出す方法。たとえばガラスとフィラメントと電気を複合させてエジソンは電球を作りました。エジソンの発明はほとんど複合です。未来もまた現在あるものの新しい組み合わせでできていきます。これに対して、一つのものを改良して新しいものを作る方法を直進発想法と言います。複合法はアジアに多く、ヨーロッパでは直進法が多いのが特徴です。

97　毎日がつまらない

変化がない単調な日々は、物足りなさを感じさせます。それではいけない、何とかしなければと思っても、気持ちだけが焦《あせ》って、どうすればいいのかわかりません。

単調に感じる原因は、ほとんどのケース、仕事に就《つ》いている場合です。決まった時間に家を出て、決まった時間に家に戻る。休日は疲れて寝てしまうか、家事に追われる。こうした日々が連続すると、単調さを感じて、刺激が欲しくなります。

刺激となるものは人によって異なります。仕事に面白さを見出している人は、別に単調さを感じないでしょう。仕事に刺激を求められないときには、人との出会いであったり、何か自分が役立つものの発見が刺激となります。

こうしたことの先には、「生きがい」という大きな問題があります。**毎日がつまらないということは、実は人生にとって大変なテーマに直結しているのです。**

そこで、日々の生活の中でやりがいのあることを見つけるという作業をすることになります。**やりがいを見出し、努力を重ねれば、やがて必ず生きがいは見えてきます。**人生の大きな目標が定まれば、その日その日にやることがはっきりしてきて、毎日が楽しくなります。

★努力の効用

「毎日が楽しい人生」

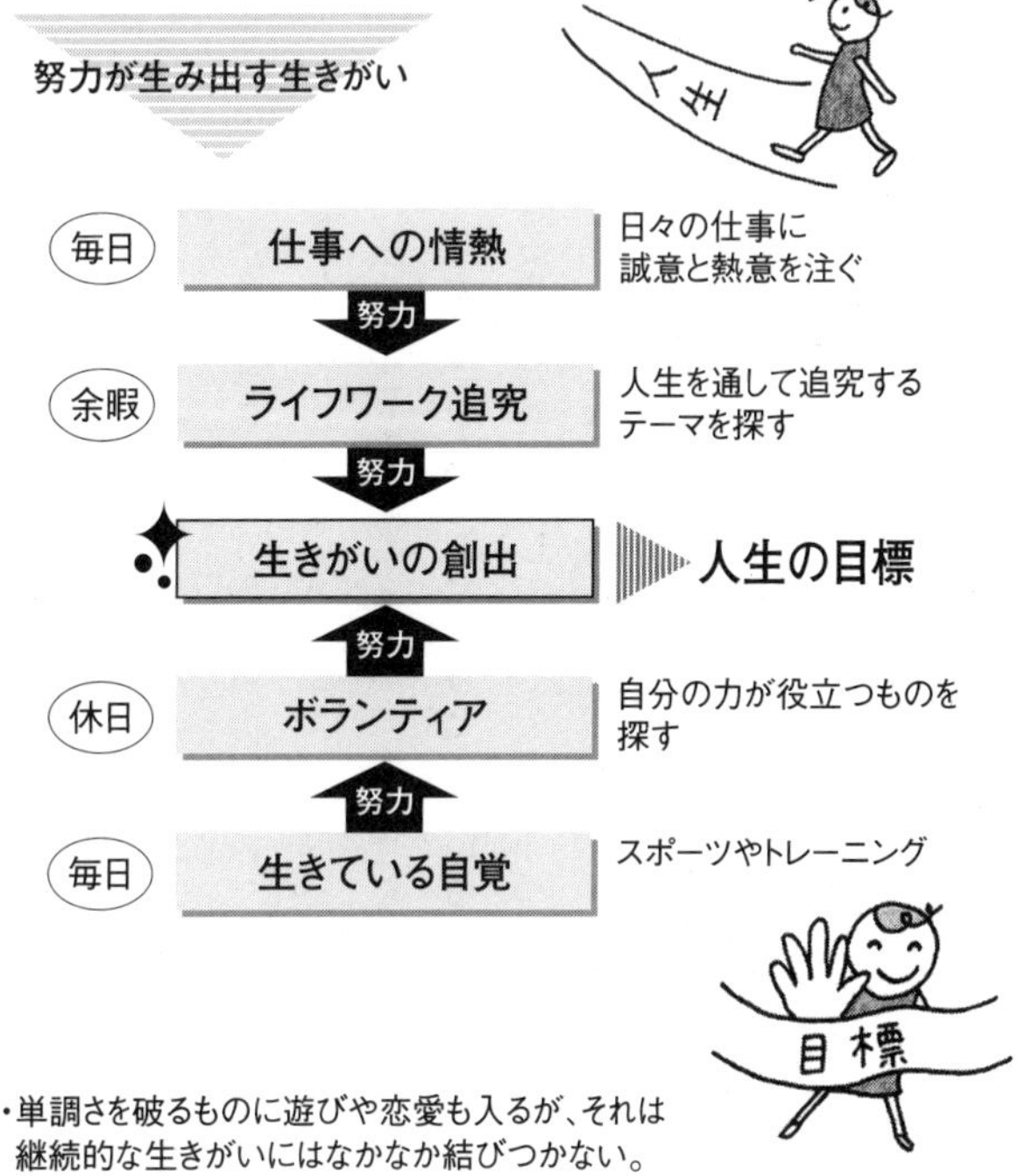
努力が生み出す生きがい
人生
毎日
仕事への情熱
日々の仕事に誠意と熱意を注ぐ
努力
余暇
ライフワーク追究
人生を通して追究するテーマを探す
努力
生きがいの創出
人生の目標
努力
休日
ボランティア
自分の力が役立つものを探す
努力
毎日
生きている自覚
スポーツやトレーニング
目標

・単調さを破るものに遊びや恋愛も入るが、それは継続的な生きがいにはなかなか結びつかない。
生きがいは、あなたが目標を定め、努力する過程で生まれてくる。

用語解説

刺激

外部より生物体に作用し、変化（興奮）を促し、何らかの反応をひき起すこと。デザインにおける刺激は、気持ちを興奮させることも含まれています。人は常に刺激が必要であり、刺激のない生活をマンネリという言葉で表しています。マンネリからは何も生まれてきません。適度な刺激を人に与えることによって、新鮮な感覚を感じさせることができます。デザインは、この刺激をいかに生み出すかに重点を置いて制作されています。

98　やりたいことが多すぎる

人生が前向きになってくると、やりたいことが次々に浮かんできます。

やりたいことが多すぎるというのは贅沢な悩みですが、その本人にとっては、どれから手をつけていいのかわからないというジレンマも同時に抱えることになります。

人は、同時に多くのことをやることができません。**やりたいことが多くて困っている人は、極端に言えば、今すぐにすべてをやろうとしている人です**。

今すぐにできることは原則として一つです。一つずつ手をつけていくしかないのです。たとえば、一〇個のやりたいことがあれば、一気にやるのではなく、一年に一個ずつ手をつけ、一〇年かけてすべてを終わらせるようにしましょう。

ここで重要なのは、どういう順番で手をつけていくかということです。

やりたいことを、今すぐやりたいグループと、あとに回してもいいグループに分けてから、手をつける順序を決めていきます。

もう一つ重要なことは、「広く浅く」やるということです。一つのことに何年もかけていては、一向に次のやりたいことに進めないからです。

★時間軸による計画法

「広く、浅く、何でもやる」

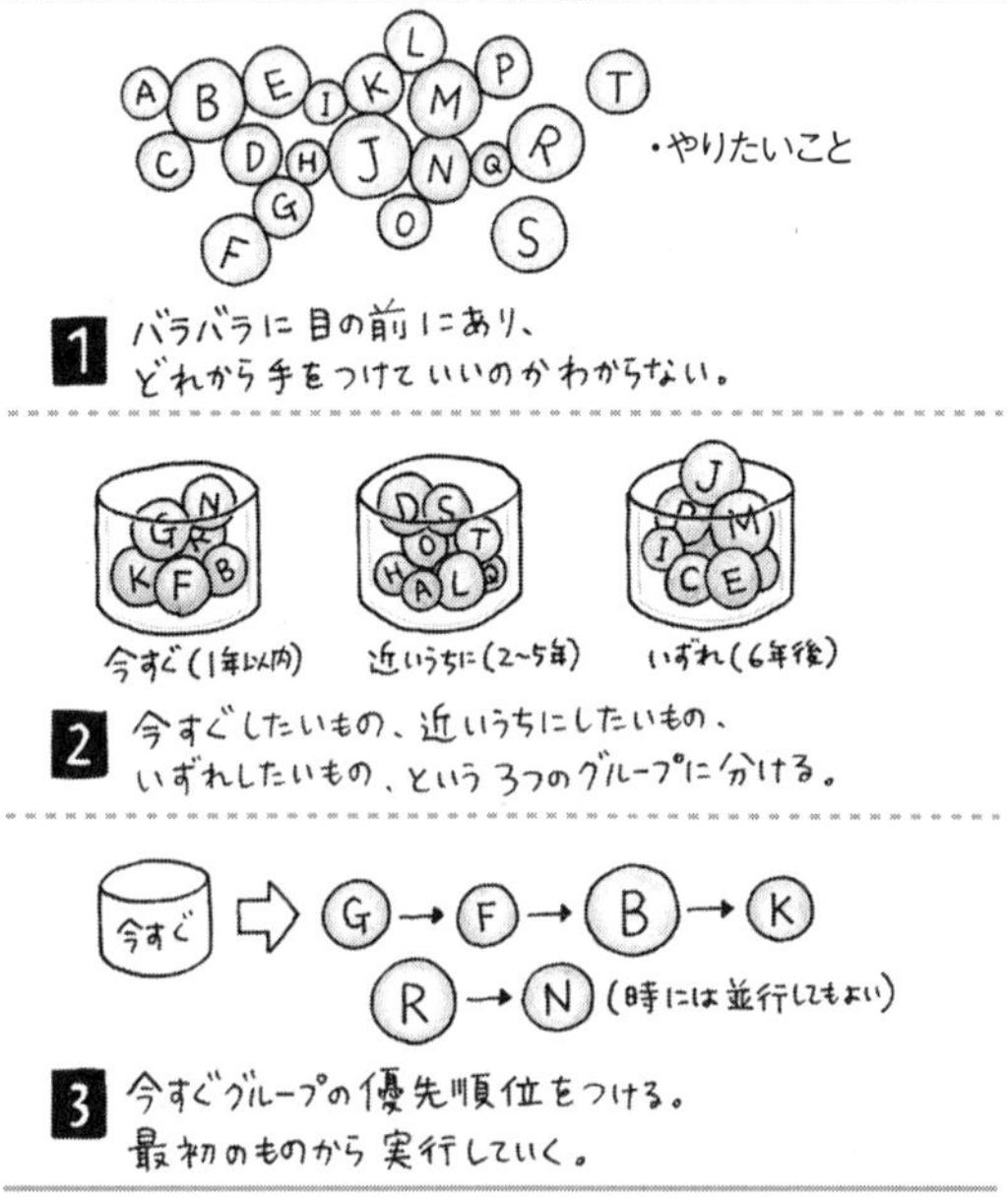

A B C D E F G H I J K L M N O P Q R S T
・やりたいこと
1 バラバラに目の前にあり、どれから手をつけていいのかわからない。
今すぐ（1年以内）
近いうちに（2〜5年）
いずれ（6年後）
2 今すぐしたいもの、近いうちにしたいもの、いずれしたいもの、という3つのグループに分ける。
今すぐ
G → F → B → K
R → N（時には並行してもよい）
3 今すぐグループの優先順位をつける。最初のものから実行していく。

・やりたいことが多い人は、基本的に1つのことを深くやることは避ける。広く、浅くが原則である。細かいところまでこだわらずに、次から次へと挑戦していくといい。挑戦することが、喜びになっていく。

用語解説

ヒロアサ人間

かつては一つのことを徹底して追求し、掘り下げていく姿勢が評価されました。こだわりを持つことが美学と言われたこともあります。しかし、限られた人生の中で、体験できることには限りがあります。せっかく生まれてきたのだから多くを体験したい。そこで、中途半端でいいから広く浅く体験していこうという発想が生まれました。ヒロアサ人間は深さではなく、広がりに価値を見出す人です。発想の原点にもなっています。

99　夢がない

「幸せになりたい」とか「いつか幸せがやってくる」「夢はかなう」といった言葉は、なんと耳触りのいい言葉なのでしょう。しかし、それに酔ってはいけません。明日幸せになるのではなく、いま幸せでなければならないのです。

幸せや夢はやってくるものではなく、自分で作るものです。作れるものを扱うのがデザインなので、デザインでは、幸せや夢を作ることさえも仕事にしてしまいます。

もし、あなたに夢がないとすれば、今すぐ作ればいいだけなのです。しかし、夢の作り方を知らなければ夢を作ることはできません。一見、夢を作ることは難しそうに思えます。**安心してください。実は、夢作りはそれほど難しいことではありません。あなたにはすでにデザインがあるからです。**

注意してほしいのは、夢は実現するためにあるのであって、ただ夢見ていればいいのではないということです。だから、実現可能な夢を作ることが大切になります。

私たちの世界は偶然が支配しているのではありません。夢をカタチにするためのデザインで、幸せや夢といった必然を生み出していくのです。

★夢をカタチにするためのデザイン

「夢は作るもの」

夢とは

1〜5に該当するものはすべて夢である

内容	例
① したいこと	旅行したい
② 欲しいもの	バッグが欲しい
③ なりたいもの	歌手になりたい
④ 起こってほしいこと	クイズに当選
⑤ 実現させたいこと	イベントを成功させたい

夢になるための条件

・内容が具体的であること
・いつ、どこで、誰と、何を、いくら、といった項目にきちんと答えられるもの

夢 —— 来年5月にアメリカのロスに1週間行きたい。

夢ではない —— いつかアメリカのどこかに行ければいいなぁ。

すると決めると夢になる

「なれたらいいなぁ」は夢ではない。

「○○になる!!」と決めると夢になる。

夢は実現するためにある

夢は実現するためにある。そのために人は努力する。

そこに夢としての価値があり、実現したら夢でなくなる。

※「今日のお昼はとんこつラーメンを食べるぞ」も立派な夢である。ということは、あなたにはものすごく多くの夢があるということだ。
→このペースでより大きな夢に発展させる。

おわりに　人生はデザインするもの

１００番目の悩みはあなたの悩み

これまで、99の悩みとその解決法を順に見てきました。

ここまできたあなたは、もうすでに立派なデザイナーです。「問題を解決する」というデザインの本質的な考え方を、しっかり理解したからです。

最後の悩みは、あなた自身の悩みです。どんなものでも結構です。次のカッコの中に、あなたの今の悩みを書き込んでみてください。

（あなたの悩み）

「　　　　　　　　　　　　　　　　　　」

悩みを書き込んだら、これまで学んできたデザインの考え方、発想、方法論を組み合わせて、実際に自分なりの解決法を出してみてください。

そのヒントは、この本の中に必ずあります。

正解は一つではありません。デザインにはたくさんの正解があります。

どんな答えであれ、悩みを解決することさえできれば、それは立派なデザインなのです。

デザインは使って完成する

52「あんなに勉強したのに、英語が話せない」（134ページ）のところでも触れましたが、デザインはもともと一〇〇％を目指すものではありません。

それは、日本の茶の湯の伝統に通じるものがあります。

茶碗は、茶席で人に使ってもらってはじめて完成すると考えられています。着物の色と手の色、そして茶の緑と湯気が加わることで調和が取れ、美が形作られるのです。

そういった未完の美意識は、デザインにも共通しています。

せっかくのデザインも、頭の中だけに留《とど》めていたのではあまり意味がありません。実際に使ってみて、効果をあげて（問題を解決して）、はじめて完成します。

この本も同じです。

あなたに使ってもらってはじめて目的を達するのです。だから、あえて最後の悩みはあなたの悩みにしました。

あなたの悩みが解決されたとき、この本のデザインも完成します。

だから、毎日の生活の中でどんどんデザインを使ってください。

デザインは思いやり

「デザインをひと言で表すと何ですか?」

プロのデザイナー一〇〇人にアンケートを取った結果があります。

驚くのが、実に八〇%近くのデザイナーが、「思いやり」と答えていることです。

悩んでいる人がいれば笑顔にするのが思いやりです。使いやすい道具、人が喜ぶインテリア、誰でも使える電化製品――それらはみんな、この考えから生まれてきています。

思いやるのは、相手を幸せにしたいからでしょう。

デザイナーは日夜、消費者が幸せになることを願って仕事をしています。相手の喜び、そして笑顔を生み出すのがデザインの仕事なのです。

デザインの使命は、「幸せ作り」だと言えます。

あなたはすでに気がついているかもしれません。悩みのあとにあるあなたの笑顔を見るために、この本が書かれていることに——。

そう、それがこの本の本当のねらいなのです。

思いやりのある人生を目指して

あなたはプロのデザイナーではないかもしれません。でも、思いやりのある人に違いありません。

どうか、自分のことをダメだと言わないでください。あなたはあなたなのであって、あなた以下になることはないのです。安心して、あなたでいてください。

あらゆることに思いやりを持つと、ゆったりとして、人生が広がります。見てきたように、デザインの考え方を応用すれば、ほとんどの悩みは解決します。すぐには解決しないかもしれませんが、諦めないことです。いい人生にするかどうかは、あなたにデザインの意識があるかないかの問題です。どうか、この本をきっかけに、自分の人生をデザインしてみてください。

＊

この本は、多くの人の助けを借りて完成しました。

特に、「100の悩み」は、私の教え子、スタッフの友人など、多くの人から提供していただいた500もの悩みを厳選したものです。その方々の協力がなければ、本書は誕生しませんでした。心よりお礼申し上げます。

この本が生まれるきっかけは、光文社新書編集部の柿内芳文さんから、「一般の人でも馴染《なじ》めるデザインの入門書を作りたい」という話をいただいたことです。

その後、デザインが人の喜びを作るためのものであるなら、人の悩みも解決できるのでは、ということで本書の原型が決まりました。

柿内さんには仲間としての感謝を捧げたいと思います。

そして、私の会社のスタッフ、斉藤理奈子さんと五味綾子さん。どんなときも夢を持ち続け、ときとして連日の徹夜となるつらい作業を乗り越えてきました。

私たちのスクラムは並大抵のものではありません。不可能を可能にする仲間です。

彼女たちには、その労をねぎらいたいと思います。


デザインは原点に戻らなければなりません。その原点がこの本です。

関係された皆様、ひとりひとりにありがとうを言わせていただきます。

ありがとうございました。心を込めて。

二〇〇六年七月

南雲治嘉

デザインを学びたい人のための参考文献

●デザインの歴史やデザインの本質、これからのデザインの姿を学びたい

『常用デザイン　21世紀を生き抜くデザイン』南雲治嘉著／グラフィック社
『視覚表現』南雲治嘉著／グラフィック社
『DESIGN BASICS　デザインを基礎から学ぶ』デービッド・ルーアー、スティーブン・ペンタック共著／ビー・エヌ・エヌ新社
『デザインの生態学　新しいデザインの教科書』後藤武・佐々木正人・深沢直人共著／東京書籍
『デザイン言語　感覚と論理を結ぶ思考法』奥出直人・後藤武編／慶應義塾大学出版会
『誰のためのデザイン？　認知科学者のデザイン原論』ドナルド・A・ノーマン著／新曜社
『日本造形史　用と美の意匠』水尾比呂志著／武蔵野美術大学出版局

●デザインの技法を学びたい

『レイアウトの法則　アートとアフォーダンス』佐々木正人著／春秋社
『Balance in Design　美しくみせるデザインの原則』キンバリー・イーラム著／ビー・エヌ・エヌ新社
『Design rule index　デザイン、新・１００の法則』

ウィリアム・リドウェル、クリスティナ・ホールデン共著／ビー・エヌ・エヌ新社
『アイデア&プロセスの法則　レイアウトデザイン』
ロドニー・J・ムーア著／毎日コミュニケーションズ
『チラシデザイン』南雲治嘉著／グラフィック社
『チラシレイアウト』南雲治嘉著／グラフィック社

●色彩に関して学びたい

『色彩表現』南雲治嘉著／グラフィック社
『色彩デザイン』南雲治嘉著／グラフィック社
『カラーイメージチャート』南雲治嘉著／グラフィック社
『色彩の本質・色彩の秘密（全訳）』ルドルフ・シュタイナー著／イザラ書房
『どうして色は見えるのか　色彩の科学と色覚』池田光男・芦澤昌子共著／平凡社
『色彩戦略』南雲治嘉著／グラフィック社
『和風カラーチャート』南雲治嘉著／グラフィック社

※太字は用語解説のページ

な 行

は 行

ま 行

や 行

ら 行

さ 行

た 行

索　引

あ 行

か 行

南雲治嘉（なぐもはるよし）
デザイナー。1944年東京都生まれ。金沢美術工芸大学産業美術学科卒業。現在、デジタルハリウッド大学デジタルコミュニケーション学部教授。担当はデザイン概論、発想論、色彩論など。「デザインは思いやり」と説くユニークな講義が人気。'90年に株式会社ハルメージを設立。アートディレクター、グラフィックデザイナーとして仕事をするかたわら、ベーシックデザインと色彩に関する研究を進め、常用デザインと色彩生理学を提唱している。著書は、『常用デザイン』『チラシデザイン』『視覚表現』『色彩デザイン』『和風カラーチャート』（以上、グラフィック社）など多数。

100の悩《なや》みに100のデザイン　自分《じぶん》を変《か》える「解決法《かいけつほう》」

2006年8月15日初版1刷発行

著　者 — 南雲治嘉
発行者 — 古谷俊勝
装　幀 — アラン・チャン
印刷所 — 萩原印刷
製本所 — 明泉堂製本
発行所 — 株式会社光文社
東京都文京区音羽1-16-6（〒112-8011）
電　話 — 編集部03(5395)8289　販売部03(5395)8114
業務部03(5395)8125
メール — sinsyo@kobunsha.com

 ISBN 4-334-03366-0

248 **自分のルーツを探す** 丹羽基二 鈴木隆祐
あなたの父母は二人、祖父母は四人、曾祖父母は八人、高祖父母は一六人……。自分の先祖を遡っていけば、いろいろなことが分かる！ その効果的なやり方を実践的・体系的に解説。

249 **ネオ共産主義論** 的場昭弘
一九世紀、人類の夢を実現する思想として確立した共産主義。しかしソ連の崩壊をきっかけに、今や忘れられた思想と化した。世界的に二極化が加速する今、改めてその意義を考える。

250 **「うつ」かもしれない** 死に至る病とどう闘うか 磯部潮
「自律神経失調症」と診断されたら、「うつ病」を疑ったほうがいい！ 臨床の名医である筆者が、最良の「うつ」の対処法を解説。誰もが「うつ」になる可能性がある現代の必読の書。

251 **神社の系譜** なぜそこにあるのか 宮元健次
「八百万の神」と言い表されるように、日本には多様な神が祀られている。神社とは何だろうか。伊勢から出雲、靖国まで、「自然暦」という新視点から神々の系譜について考える。

252 **テツはこう乗る** 鉄ちゃん気分の鉄道旅 野田隆
鉄道旅行は好きだけど、車窓と駅弁以外にあまり楽しみ方を知らない……。そんなあなたのための、鉄道ならぬテツ道入門。本書を読んで、今日からあなたも「鉄ちゃん」の一員に！

253 **日本史の一級史料** 山本博文
歴史は1秒で変わる――歴史家はどのように史料を読み、歴史を描き出していくのか？ 「一級史料」を題材に、教科書や歴史書を鵜呑みにしない「私の史観」の身につけ方を学ぶ。

254 **行動経済学** 経済は「感情」で動いている 友野典男
人は合理的である、とする伝統経済学の理論は本当か。現実の人の行動はもっと複雑ではないか。重要な提言と詳細な検証により新たな領域を築く行動経済学を、基礎から解説する。

255 数式を使わないデータマイニング入門 隠れた法則を発見する 岡嶋裕史
インターネット上の玉石混淆の情報の中から「玉」を発見するには？　グーグル、アマゾン――Web2.0時代に必須の知識・技術を本質から理解できる、世界一簡単な入門書。

256 「私」のための現代思想 高田明典
自殺には「正しい自殺」と「正しくない自殺」がある――フーコー、ハイデガー、ウィトゲンシュタイン、リオタールなどの思想を軸に、「私」の「生と死」の問題を徹底的に考える。

257 企画書は1行 野地秩嘉
相手に「それをやろう」と言わせる企画書は、どれも魅力的な一行を持っている――。自分の想いを実現する一行をいかに書くか。第一人者たちの「一行の力」の源を紹介する。

258 人体　失敗の進化史 遠藤秀紀
「私たちヒトとは、地球の生き物として、一体何をしでかした存在なのか」――あなたの身体に刻まれた「ぼろぼろの設計図」を読み解きながら、ヒトの過去・現在・未来を知る。

259 終《つい》の器選び 黒田草臣
「終の器」――それは自分と一生添い遂げるにふさわしい器のこと。東京・渋谷で長年、陶芸店を営む著者が、魯山人の作品などを題材に、その選び方を紹介する。

260 なぜかいい町　一泊旅行 池内紀
小さくても、キラリと光る町。ぶらりと訪ねて、一泊するのにちょうどいい――。ひとり旅の名手である池内紀が、独自の嗅覚で訪ね歩いた、日本各地の誇り高き、十六の町の記憶。

261 日本とドイツ　二つの全体主義 「戦前思想」を書く 仲正昌樹
二つの「遅れて誕生した」近代国家において、全体主義はなぜ誕生したのか？　日独比較のユニークな思想史、「戦前」に焦点を当てた第二弾。戦前思想を問い直し、いまを考える。